Impressum
Verlag: BABADADA GmbH, Nedderfeld 112 , 22529 Hamburg
Geschäftsführer / Verlagsleitung: Harald Hof
Druck: Books on Demand GmbH, In de Tarpen 42, 22848 Norderstedt

Imprint
Publisher: BABADADA GmbH, Nedderfeld 112 , 22529 Hamburg, Germany
Managing Director / Publishing direction: Harald Hof
Print: Books on Demand GmbH, In de Tarpen 42, 22848 Norderstedt

el colegio

دابەشکردن
dividir

186/2

پۆل
el aula

تەختە
el pizarrón

حەوشی قوتابخانه
el patio de la escuela

مامۆستا
el maestro

کاغەز
el papel

نووسین
escribir

پێنووس
la birome

مێزی نووسین
el escritorio

خەتکێش
la regla

کتێب
el libro

خوێندکار
el alumno

چەوال
la mochila

جانتای پێنووس
la caja de lápices

پێنووس
el lápiz

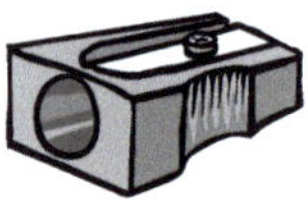

تیژکەرەوەی پێنووس
el sacapuntas

ڕەشکەرەوە
la goma (de borrar)

پەڕەی نیگارکێشان
el bloc de dibujo

نیگارکێشان

el dibujo

فڵچەی ڕەنگ

el pincel

قوتووی ڕەنگ

la caja de pinturas

مەقەست

la tijera

چەسپ، کەمتیرە

el pegamento

کتێبی ڕاهێنان

el cuaderno de ejercicios

کاری ماڵەوە

la tarea

12

ژمارە

el número

2+2

زیدەکردن

sumar

5-2

کەمکردن

restar

2×2

لێکدان

multiplicar

حسابکردن، ژماردن

calcular

A

پیت

la letra

ABCDEFG HIJKLMN OPQRSTU VWXYZ

نەلفوبێ

el abecedario

hello

وشە

la palabra

نووسراوه‌، ده‌ق

el texto

خوێندنه‌وه

leer

گه‌چ

la tiza

خول، ده‌رس

la lección

تۆمارکردن

el cuaderno de clase

نه‌زموون، تاقیکردنه‌وه

el examen

بڕوانامه

el certificado

جلی قوتابخانه

el uniforme escolar

په‌روه‌رده

la educación

زانیاری نامه

la enciclopedia

زانکۆ

la universidad

میکرۆسکۆپ

el microscopio

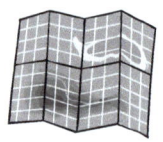

خه‌ریته‌، نه‌خشه

el mapa

سه‌به‌تی کاغه‌ز

el tacho (de basura)

el viaje

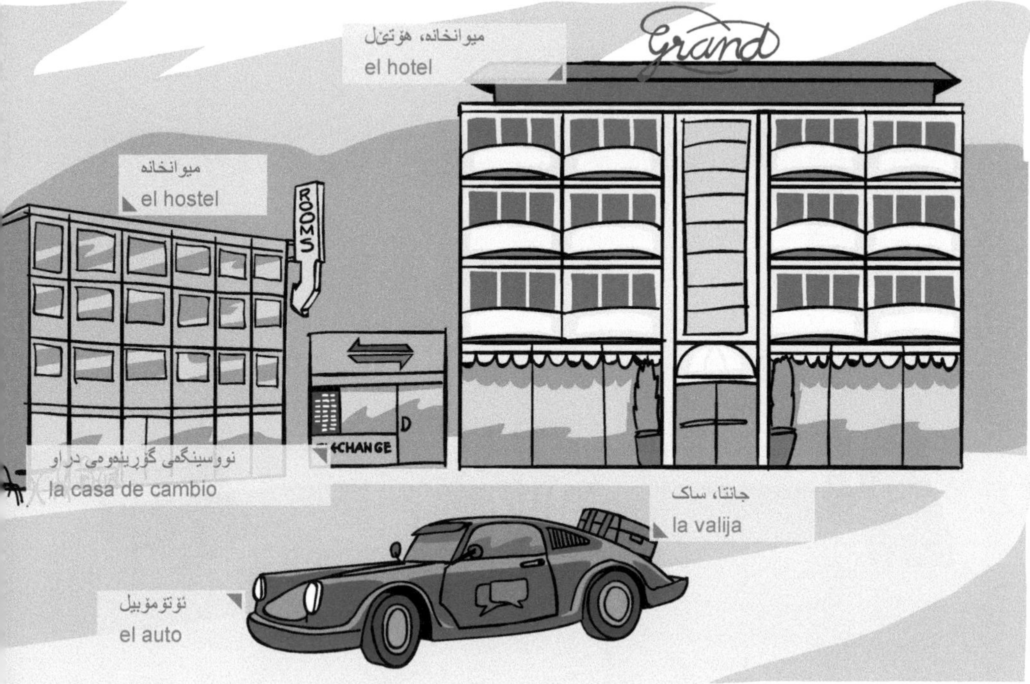
میوانخانە، هۆتێل
el hotel
Grand
میوانخانە
el hostel
ROOMS
CHANGE
نووسینگەی گۆڕینەوەی دراو
la casa de cambio
جانتا، ساک
la valija
ئۆتۆمۆبیل
el auto

زمان

el idioma

بەڵێ / نەخێر

sí / no

باشە

Está bien

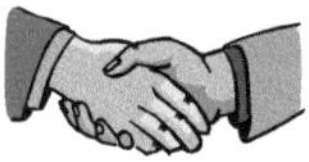

سڵاو

hola

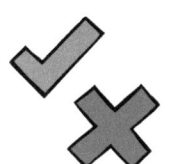

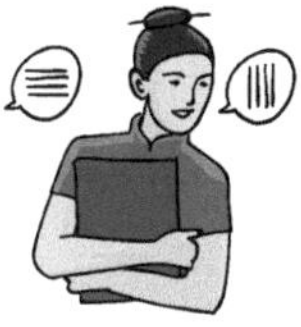

وەرگێڕی دەق

el traductor

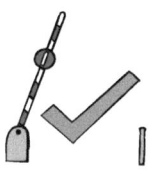

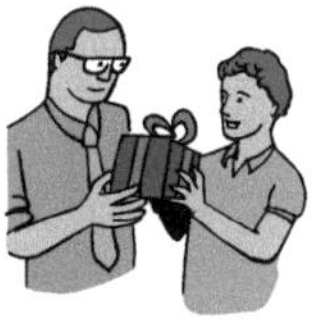

سپاس

Gracias

بەچەندە ...؟

¿cuánto cuesta...?

من تێناگەم

No entiendo

كێشە

el problema

ئێوارە باش!

¡Buenas tardes!

بەیانی باش!

¡Buenos días!

شەو باش!

¡Buenas noches!

ماڵئاوا، بەخێرچی

el adiós

ناراستە، رێژدو

la dirección

جانتا

el equipaje

جانتا

el bolso

كۆڵەپشتی

la mochila

میوان

el invitado

ژوور، دیو

la habitación

كیسەخەو

la bolsa de dormir

چادر، دەوار

la carpa

زانیاری بۆ گەشتیار

la información turística

کەناراو

la playa

کارتی قەرز

la tarjeta de crédito

نانی بەیانی

el desayuno

نانی نیوەڕۆ

el almuerzo

نانی شەو

la cena

بلیت

el pasaje

ئاسانسۆر

el ascensor

پوول، تەمر

el sello

سنوور

la frontera

گۆمرک

la aduana

بالویێزخانە

la embajada

ڤیزا

la visa

پاسپۆرت

el pasaporte

گواستنەوە

el transporte

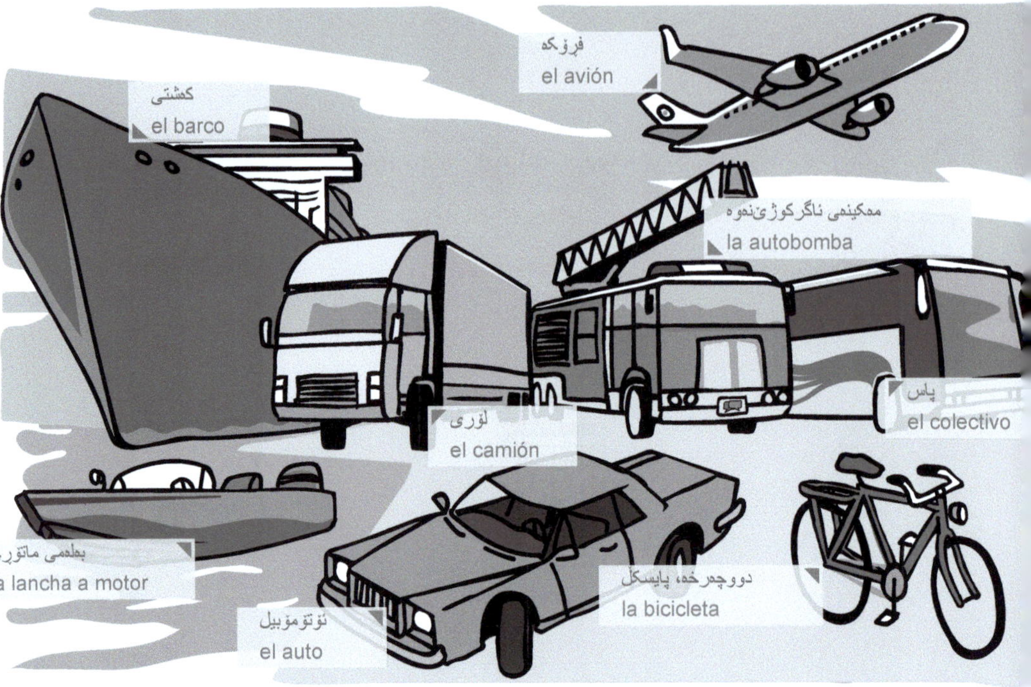

فڕۆکە
el avión
کەشتی
el barco
مەکینەی ئاگرکوژێنەوە
la autobomba
پاس
el colectivo
لۆری
el camión
بەلەمی ماتۆڕی
la lancha a motor
دووچەرخە، پایسکل
la bicicleta
ئۆتۆمۆبیل
el auto

کەشتی گواستنەوە
....
el ferry

بەلەمی ماتۆڕی
....
el bote

ماتۆڕ
....
la moto

ئوتومبێلی پۆلیس
....
el patrullero

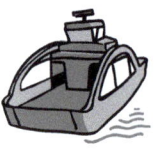

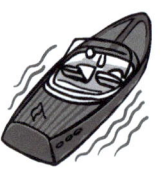

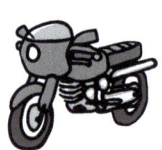

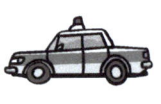

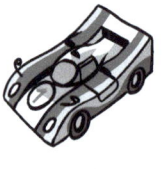

ئوتومبێلی پێشبڕکێ
....
el auto de carreras

ئۆتۆمۆبیلی کرێ
....
el auto de alquiler

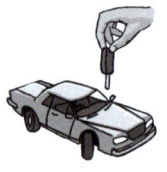

نۆتۆمۆبیل هاوبەشکردن

el alquiler de autos

لۆری راکێشکردن

la grúa

لۆری زبڵ

el camión de la basura

ماتۆر

el motor

سووتەمەنی

la nafta

وێستگەی بەنزین

la estación de servicio

تابڵۆی هاتووچۆ

la señal de tránsito

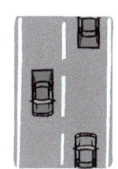

هاتووچۆ

el tránsito

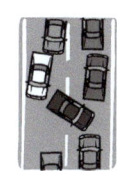

ترافیک

el embotellamiento

شوێنی راگرتنی نۆتۆمۆبیل

el estacionamiento

وێستگەی شەمەندەفەر

la estación de tren

هێڵی ناسن

las vías

شەمەندەفەر

el tren

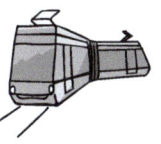

قەتاری سەرشەقام

el tranvía

داشقە

el vagón

هەلیکوپتەر

el helicóptero

فرۆكەخانە

el aeropuerto

بورج

la torre

نەمەر

el pasajero

دەفر، كانتینەر

el contenedor

كارتۆن

la caja de cartón

داشقە

la carretilla

سەوەتە

la canasta

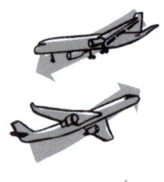

هەڵفرین / نیشتن

despegar / aterrizar

شار

la ciudad

گوند، دێهات

el pueblo

ناوەندی شار

el centro de la ciudad

مأڵ، خانوو

la casa

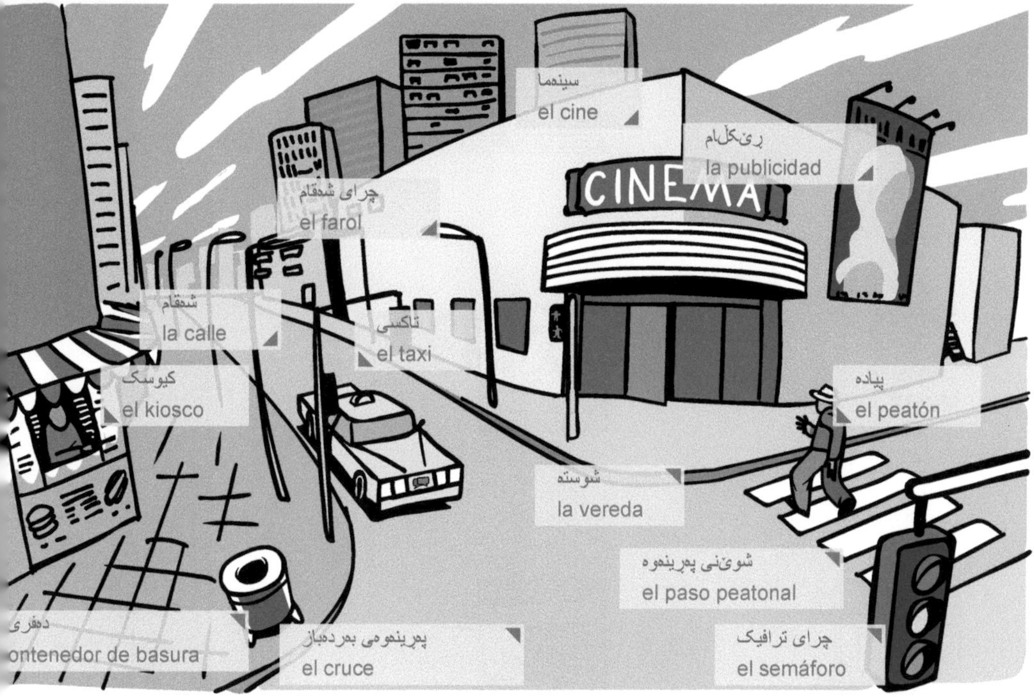
سینەما
el cine
ڕێکلام
la publicidad
CINEMA
چرای شەقام
el farol
شەقام
la calle
تاکسی
el taxi
کیوسک
el kiosco
پیادە
el peatón
شوستە
la vereda
شوێنی پەڕینەوە
el paso peatonal
دەفری
ontenedor de basura
پەڕینەوەی بەردەباز
el cruce
چرای ترافیک
el semáforo

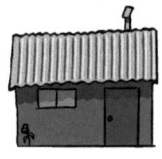

خانووچکە

la cabaña

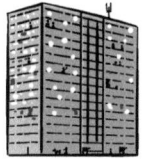

نهۆم، باڵەخانە

el departamento

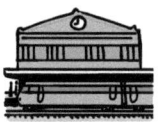

وێستگەی شەمەندەفەر

la estación de tren

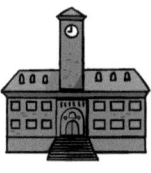

کۆشکی شارەوانی

la municipalidad

MUSEUM

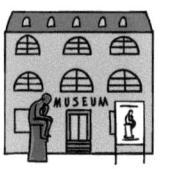

مۆزەخانە

el museo

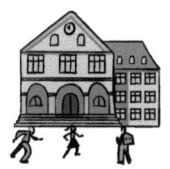

قوتابخانە

el colegio

زانکۆ

la universidad

بانک

el banco

نەخۆشخانە، خەستەخانە

el hospital

میوانخانە، هۆتێل

el hotel

دەرمانخانە

la farmacia

نووسینگە، فەرمانگە

la oficina

کتێبفرۆشی

la librería

دووکان

el negocio

گوڵفرۆشی

la florería

سوپەرمارکێت

el supermercado

بازار

el mercado

فرۆشگا

las grandes tiendas

ماسیفرۆش

la pescadería

ناوەندی کڕین

el centro comercial

بەندەر

el puerto

پارک

el parque

كورسى دريژ

el banco

پرد

el puente

پێ پيلكان

las escaleras

ژێدرزهوى

el subte

توننێل

el túnel

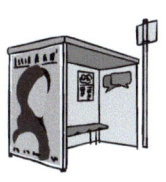

وێستگهى پاس

la parada del colectivo

مهيخانه

el bar

رێستۆرانت

el restaurante

سندووقى پۆست

el buzón

تابلۆى شهقام

el letrero

پێوهرى پاركينگ

el parquímetro

باخچهى ئاژهڵان

el zoológico

حهوزى مهله

la pileta

مزگهوت

la mezquita

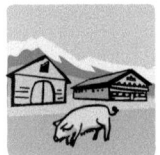

مەزرا

la granja

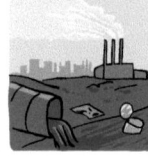

پیسبوونی ژینگە

la contaminación

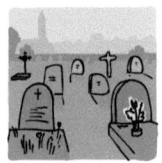

قەبرستان، گۆڕستان

el cementerio

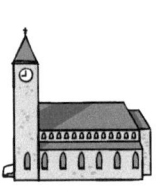

کەنیسە

la iglesia

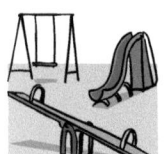

شوێنی یاری

los juegos infantiles

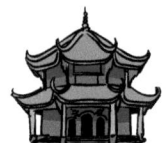

پەرستگا

el templo

دیمەن

el paisaje

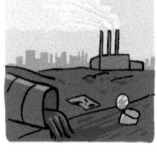

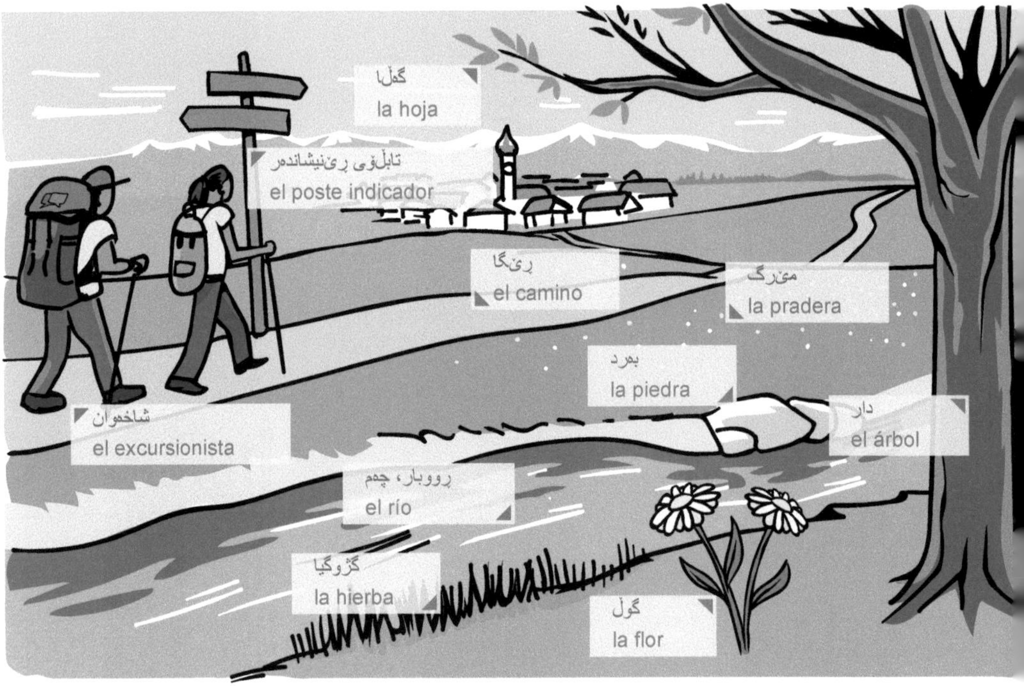

گەڵا
la hoja
تابلۆی ڕێنیشاندەر
el poste indicador
ڕێگا
el camino
مێرگ
la pradera
بەرد
la piedra
دار
el árbol
شاخەوان
el excursionista
ڕووبار، چەم
el río
گژوگیا
la hierba
گوڵ
la flor

دۆڵ، شیو
....
el valle

بەرزایی
....
la montaña

دەریاچە
....
el lago

دارستان
....
el bosque

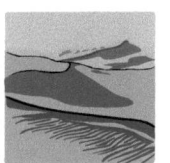

چۆڵەوار
....
el desierto

بورکان
....
el volcán

قەڵا
....
el castillo

کۆلکەزێرینە
....
el arco iris

کارگ
....
el champiñón

دارخورما
....
la palmera

مێشوولە
....
el mosquito

مێشوولە
....
la mosca

مێروولە
....
la hormiga

مێش هەنگوین
....
la abeja

جاڵجاڵووکە
....
la araña

قالۇنچە

el escarabajo

بۆق

la rana

سمۆرە

la ardilla

ژیشک

el erizo

کەروێشکە کێوی

la liebre

کوندا

la lechuza

باڵندە

el pájaro

قازی سپی

el cisne

بەرازی کێوی

el jabalí

ئاسک

el ciervo

بزنە کێوی

el alce

بەنداو

la presa

تۆربینی با

el aerogenerador

پەڕەمی خۆری

el panel solar

ناووهەوا

el clima

ڕێستۆرانت

el restaurante

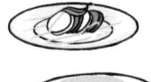

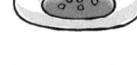

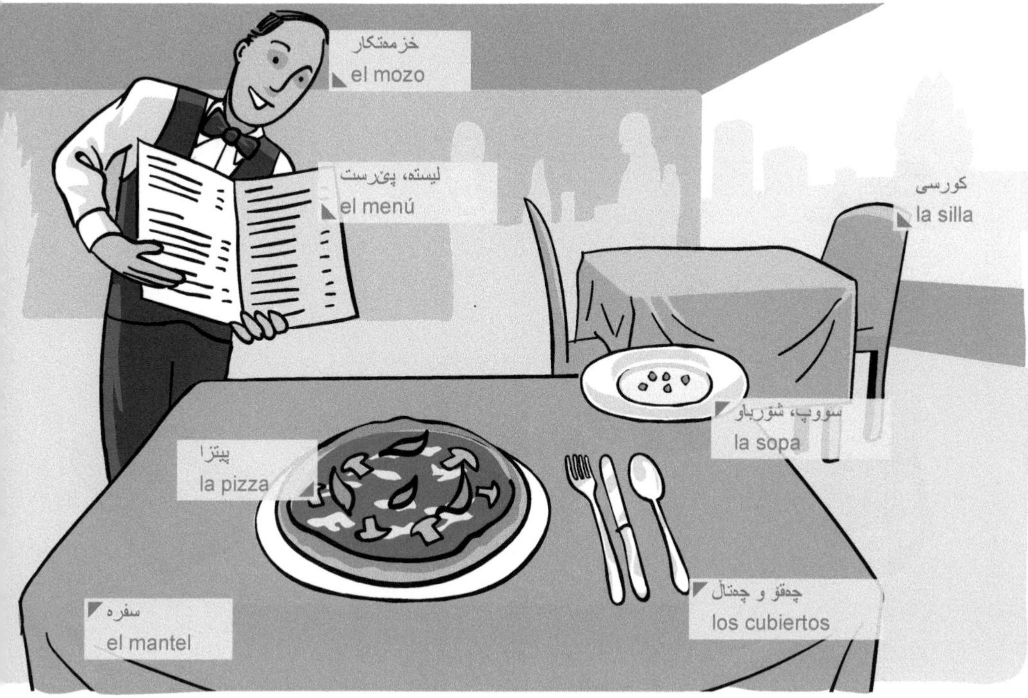

خزمەتکار
el mozo
لیستە، پێڕست
el menú
کورسی
la silla
سووپ، شۆرباو
la sopa
پیتزا
la pizza
چەقۆ و چەتاڵ
los cubiertos
سفرە
el mantel

خواردنی دەستپێک

la entrada

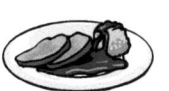

خواردنی سەرەکی

el plato principal

دێسێر

el postre

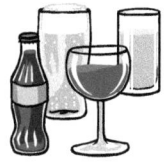

خواردنەوە

las bebidas

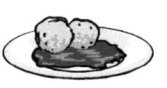

خواردن

la comida

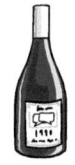

بوتڵ

la botella

خواردنی خێرا

la comida rápida

خواردنی سەرشەقام

la comida callejera

قۆری

la tetera

قوتووی شەکر

la azucarera

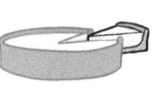

بەش

la porción

ئامێری سازکردنی قاوەی ئێسپرەسۆ

la cafetera expreso

کورسی بەرز

la sillita alta

تێچوو

la cuenta

کەشمیف

la bandeja

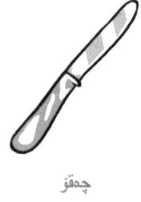

چەقۆ

el cuchillo

چنگاڵ

el tenedor

کەوچک

la cuchara

کەوچکی چا

la cucharita

دەسماڵ

la servilleta

لیوان، پەرداخ

el vaso

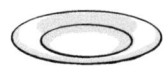

قاپ، دەوری، دەفر

el plato

قاپی شۆرباو

el plato hondo

ژێرپیاڵە

el plato

سۆس

la salsa

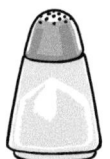

خوێدان

el salero

هاوڕەی بیبار

el molinillo de pimienta

سرکە

el vinagre

رۆن

el aceite

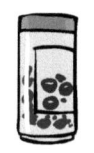 

بەهارات

las especias

دۆشاوی تەمات، سۆسی تەماتە

el kétchup

سۆسی موستارد

la mostaza

سۆسی مایۆنێز

la mayonesa

سوپەرمارکێت

el supermercado

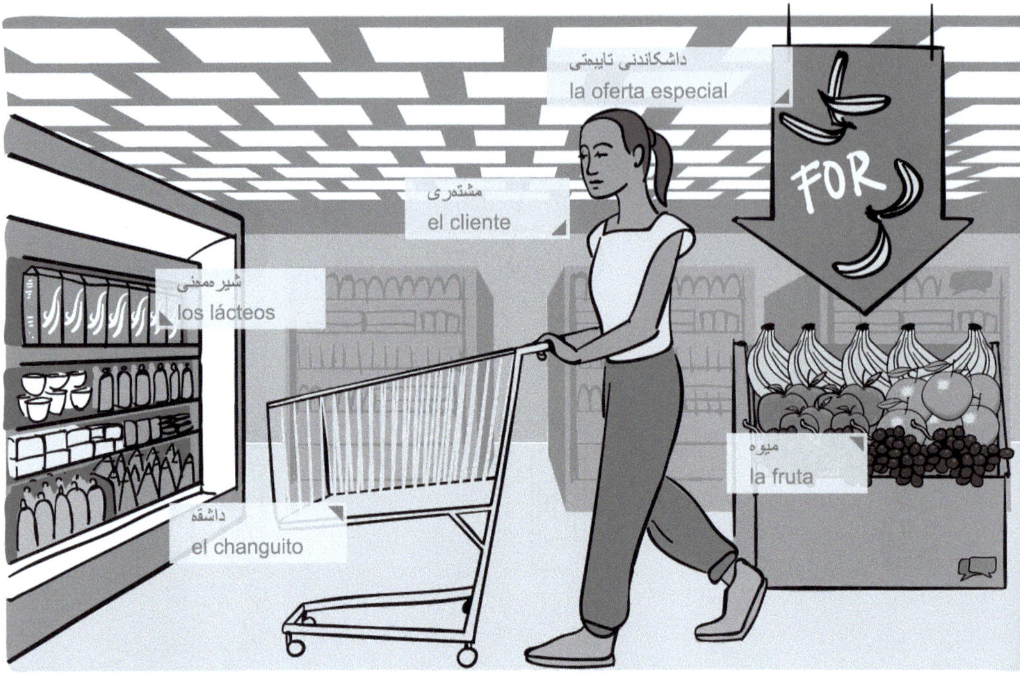

داشکاندنی تایبەتی
la oferta especial
FOR
مشتەری
el cliente
شیرەمەنی
los lácteos
میوە
la fruta
داشقە
el changuito

BUTCHERS

دووکانی قەسابی

la carnicería

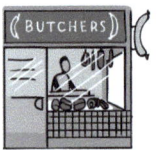

BAKERY

نانەواخانە

la panadería

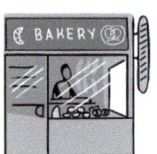

کێشان

pesar

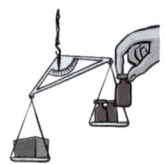

سەوزی

las verduras

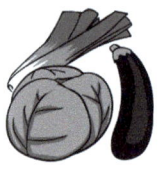

گۆشت

la carne

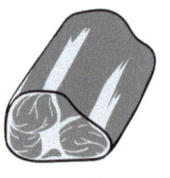

خواردنی بەستوو

los alimentos congelados

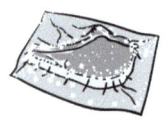

گۆشتی سارد

los fiambres

خواردنی کۆنسێرو

los alimentos enlatados

دەرمانی بشۆر

el detergente en polvo

شیرینی

las golosinas

بەرهەمی خۆماڵی

los electrodomésticos

بەرهەمی خاوێنکردنەوە

los productos de limpieza

فرۆشیار

la vendedora

ژمێرەر

la caja

ژمێریار، خەزمەندار

el cajero

لیستی کڕین

la lista de compras

کاتی دەوام

el horario de atención

کیسەباخەڵ، جزدان

la billetera

کارتی قەرز

la tarjeta de crédito

توورەمکە، کیسە

la cartera

توورەمکە

la bolsa de plástico

ئاو

el agua

تەمریبش

el jugo

شیر

la leche

زووڵەخ

la bebida cola

بارەمش

el vino

بیرە

la cerveza

ڵۆكڵەن

el alcohol

كاكاو

el cacao

چایی، چا

el té

قاوە

el café

قاوەی ئێنسپرەسۆ

el café expreso

كاپۆچینۆ

el cappuccino

la comida

مؤز

la banana

سێو

la manzana

پرتەقاڵ

la naranja

کاڵەک

el melón

لیمۆ

el limón

گێزەر

la zanahoria

سیر

el ajo

حەیزەران

el bambú

پیاز

la cebolla

کارگ

el champiñón

سەموونە، گوێز، ناوکە

las nueces

نوودڵ

los fideos

ماکارۆنی

los tallarines

برینج

el arroz

زەڵاتە

la ensalada

چپس

las papas fritas

پەتاتەی برژاو، پەتاتەی سووروکراو

las papas fritas

پیتزا

la pizza

هەمبرگێر

la hamburguesa

ساندویچ، دۆندرمە

el sándwich

پارچە گۆشت

el churrasco

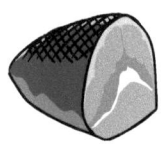

گۆشتی بەراز

el jamón

گۆشتی بەراز

el salame

سۆسیس

la salchicha

مریشک

el pollo

برژاندن، نرژان

el asado

ماسی

el pescado

شۆرباوی ساوار

los copos de avena

دانەوئڵەی تێنکەڵ

el muesli

دانەی دانەوئڵە

los copos de maíz

نارد

la harina

کرۆسانت، نانێکی فەرەنسی

la medialuna

نانی خڕ

el pancito

نان

el pan

نانی برژاو

la tostada

بسکیت

las galletitas

کەرە، ڕۆنی کەرە

la manteca

سەرتوێژ، توێژ

la cuajada

کەیک

la torta

هێلکە

el huevo

هێڵکەی برژاو

el huevo frito

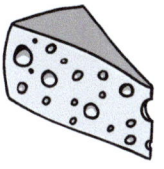

پەنیر

el queso

بەستەنی، دۆندرمە

el helado

شەکر

el azúcar

هەنگوین

la miel

مرەبا

la mermelada

خامەیی نۆگات

la pasta de chocolate

بەهارات

el curry

مەزرا

la granja

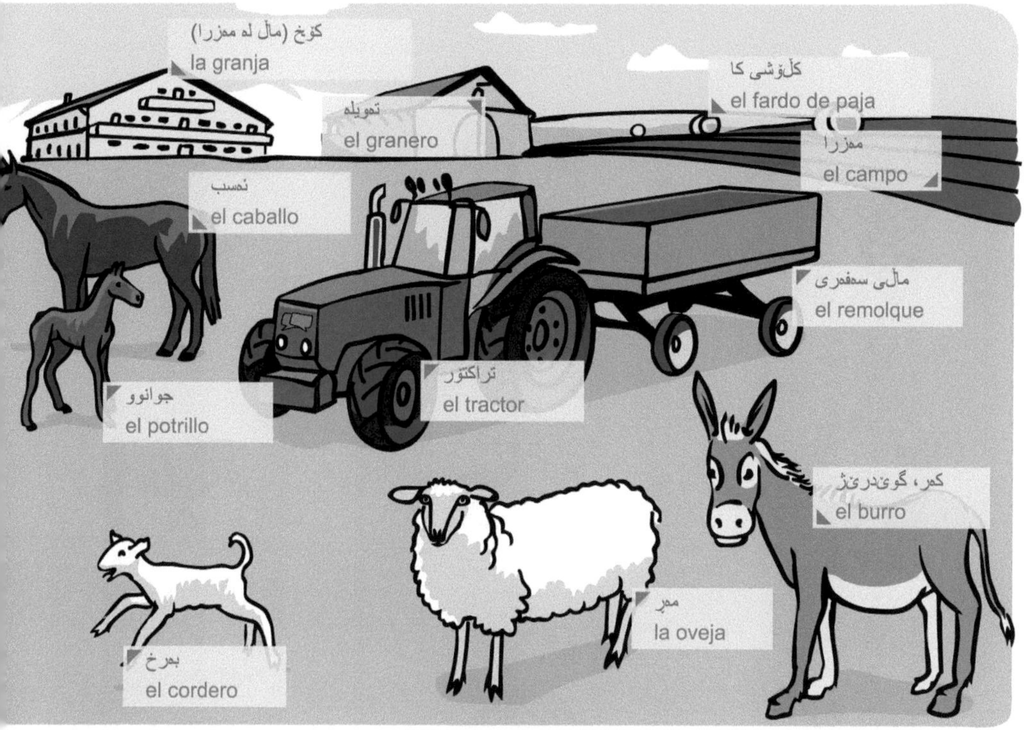

کوخ (ماڵ لە مەزرا)
la granja
تەویلە
el granero
کڵۆشی کا
el fardo de paja
مەزرا
el campo
ئەسب
el caballo
ماڵی سەفەری
el remolque
تراکتور
el tractor
جوانوو
el potrillo
کەر، گوێدرێژ
el burro
مەڕ
la oveja
بەرخ
el cordero

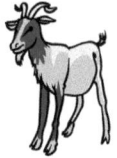

بزن

la cabra

مانگا

la vaca

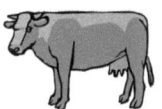

گوێلک

el ternero

بەراز

el cerdo

فەرخە بەراز

el lechón

جوانەگا

el toro

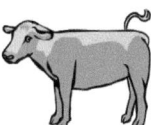

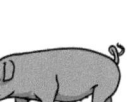

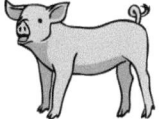

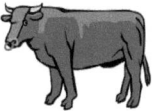

قاز

el ganso

مراوی

el pato

جووچک

el pollo

مریشک

la gallina

كەڵەشێر

el gallo

جرج

la rata

پشیله

el gato

مشک

el ratón

گا

el buey

سە، سەگ

el perro

كونە سە

la cucha

سۆندە

la manguera

تونگمی ناودان

la regadera

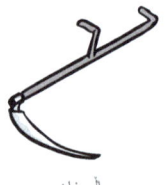

مالدغان

la guadaña

گاسن

el arado

داس
....
la hoz

مەرە
....
la azada

شەنە
....
la horquilla

تەور
....
el hacha

عارەبانەی دەستیی
....
la carretilla

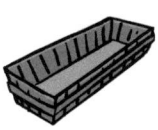

دەفری خواردنی ئاژەڵان
....
el abrevadero

دەفری شیر
....
la lechera

تەلیس
....
la bolsa

پەرژین
....
la reja

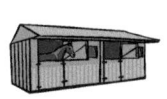

تەویلە
....
el establo

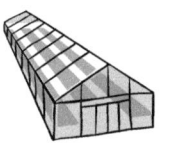

گوڵخانە
....
el invernadero

خۆڵ
....
el suelo

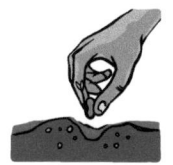

دەنک، تۆک
....
la semilla

پەین
....
el fertilizador

کۆمباین
....
la cosechadora

دروێنەکردن
....
cosechar

خەرمان
....
la cosecha

پەتاتە
....
las batatas

گەنم
....
el trigo

لووبیا، فاسۆلیا
....
la soja

پەتاتە
....
la papa

گەنمەشامی
....
el maíz

جۆرێک دەخڵەودان
....
la semilla de colza

داری بەری
....
el árbol frutal

سێوبنەمەررزیلە
....
la mandioca

دانەوێڵەی تێکەڵ
....
los cereales

مالّ، خانوو

la casa

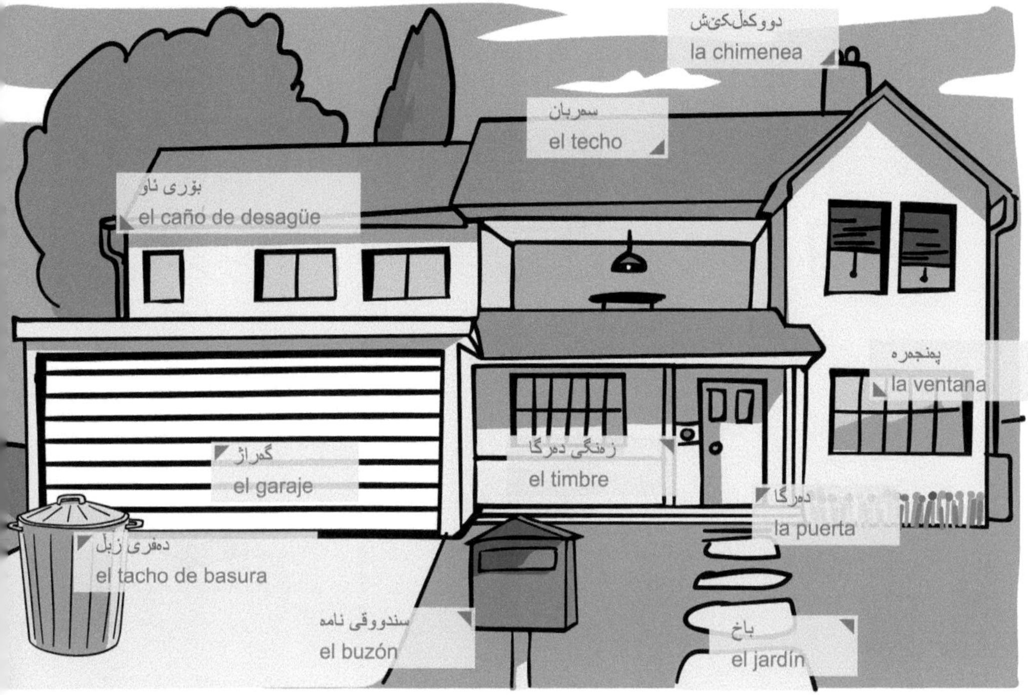
دووکەڵکێش
la chimenea
سەربان
el techo
بۆری ناو
el caño de desagüe
پەنجەرە
la ventana
گەراژ
el garaje
زەنگی دەرگا
el timbre
دەرگا
la puerta
دەفری زبڵ
el tacho de basura
سندووقی نامە
el buzón
باخ
el jardín

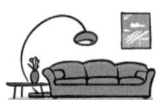

ژووری دانیشتن

el living

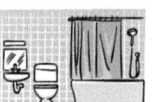

حەمام، ئاودەستخانە

el baño

چێشتخانە

la cocina

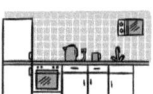

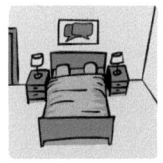

ژووی خەو

el dormitorio

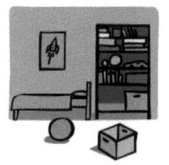

ژووری منداڵ

el cuarto de los chicos

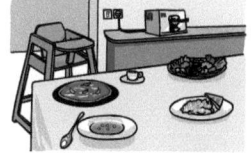

ژووری نانخوارن

el comedor

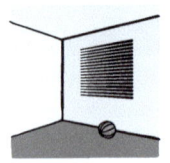

زەرن، دالان

el piso

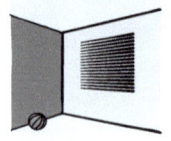

دیوار

la pared

چیم نب

el cielorraso

ژێرزەمین

el sótano

ساونا

el sauna

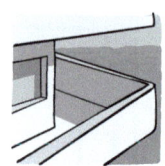

بالکۆن، هەیوان

el balcón

هەیوان

la terraza

حەوز، مەلەوانگە

la pileta

گژوگیابڕ

la cortadora de pasto

مەلافە

la sábana

مەلافەی نوێن

el acolchado

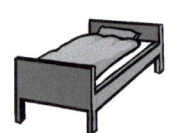

پێخەف، نوێن

la cama

گسک

la escoba

سەتڵ

el balde

سویچ، کلیل

el interruptor

ژووری دانیشتن
el living

کاغەزی دیواری
el empapelado
وێنە
la imagen
لامپ، چرا، گڵۆب
la lámpara
ڕەفە
el estante
کۆمێد
el armario
تەلەفیزیۆن
la televisión
ئاگردان
la chimenea
گوڵ
la flor
باڵەنج، سەرین
el almohadón
سۆفا
el sofá
گوڵدان
el florero
کۆنترۆڵ لە ڕێگەی دوور
el control remoto

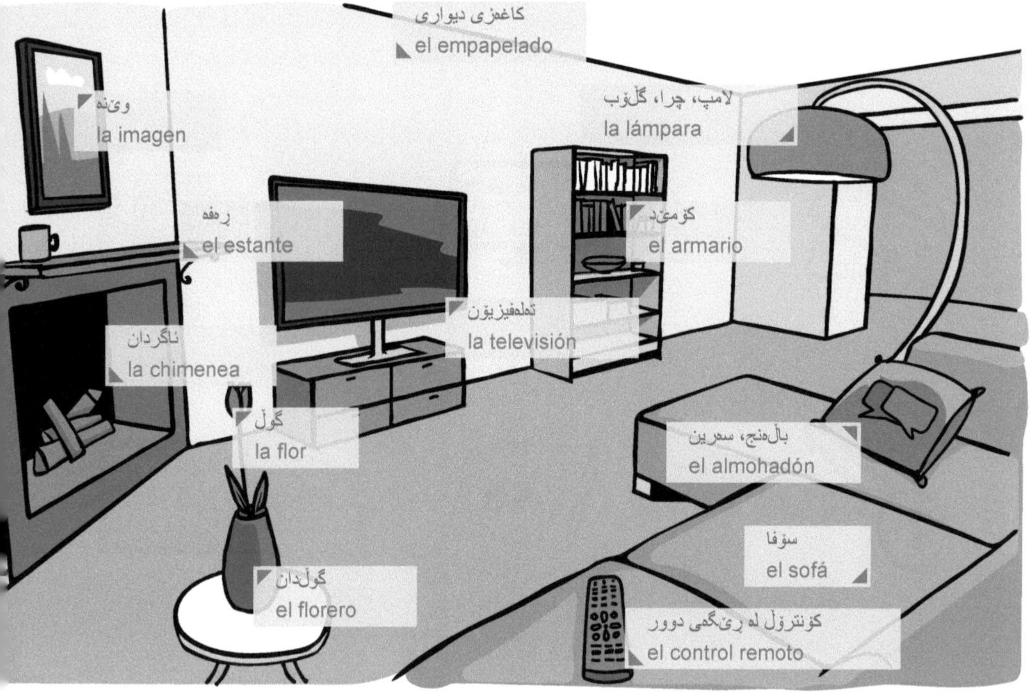

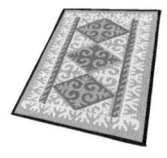

فەرش
....
la alfombra

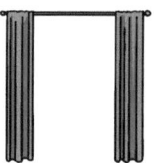

پەردە
....
la cortina

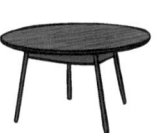

مێز
....
la mesa

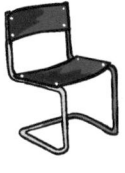

کورسی
....
la silla

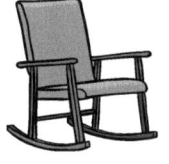

کورسی ڕاژاندن
....
la mecedora

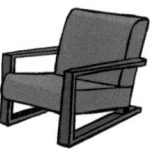

کورسی دەسکدار
....
el sillón

كتێب

el libro

پەتوو، بەتانی

la frazada

ڕازاندنەوە

la decoración

داری سووتاندن

la leña

فیلم

la película

ستیریۆ

el equipo de música

کلیل

la llave

ڕۆژنامە

el diario

نیگار، نیگارکێشان

la pintura

پۆستەر

el póster

ڕادیۆ

la radio

تێبانووس

el cuaderno

گسکی کارەبایی

la aspiradora

کاکتووس

el cactus

مۆم

la vela

چێشتخانە

la cocina

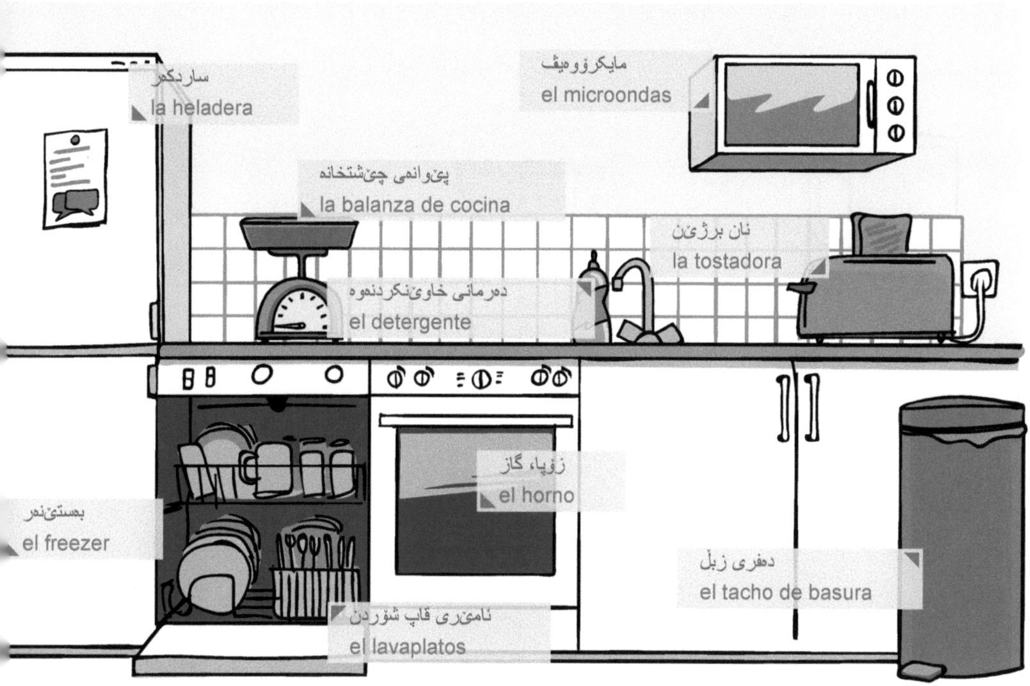
ساردکەر
la heladera
مایکرۆوەیڤ
el microondas
پێوانەی چێشتخانە
la balanza de cocina
نان برژێن
la tostadora
دەرمانی خاوێنکردنەوە
el detergente
زۆپا، گاز
el horno
بەستێنەر
el freezer
دەفری زبڵ
el tacho de basura
ئامێری قاپ شۆردن
el lavaplatos

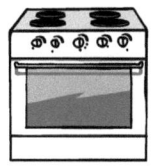

چێشتلێنەر

la cocina

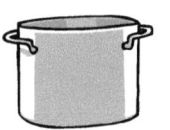

مەنجەڵ

la olla

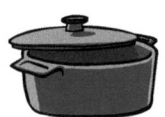

قاپی ئوتوو

la olla de hierro fundido

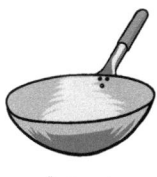

تاوەی قووڵ

el wok

تاوە

la sartén

کتری، ئاوگەمکەر

la pava

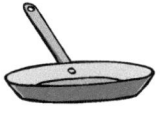

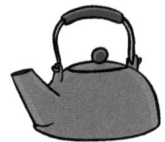

چۆشتلێنەری هەڵمی

la vaporera

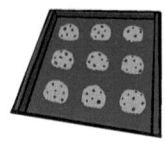

کەشمەشی نانکردن

la bandeja de horno

قاپ و قاچاغ

la vajilla

کۆپ

la taza

قاپ

el bol

چیلکەی نانخواردن

los palitos

نەسکوێ

el cucharón

کەوگیر

la espátula

گسک

la batidora

سووزمە

el colador

بێژنگ

el colador

ئامێری جنینی پەنیر و سەوزە

el rallador

دەستار

el mortero

برژاندن

la parrilla

ناگر

la fogata

تەختەی وردکردن
....
la tabla de picar

تیرۆک
....
el palo de amasar

بورغی فلین
....
el sacacorchos

قوتوو
....
la lata

قوتووکەرەوە
....
el abrelatas

دەسڕەی مەنجەڵ
....
la manopla

دەسشۆر
....
la pileta

فڵچە
....
el cepillo

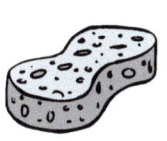

نیسفەنج
....
la esponja

تێکەڵکەر
....
la batidora

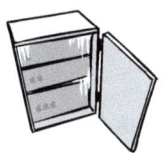

قەرەسی
....
el congelador

شووشە شیر
....
la mamadera

شوێری ناو
....
la canilla

حەمام، ئاودەستخانە

el baño

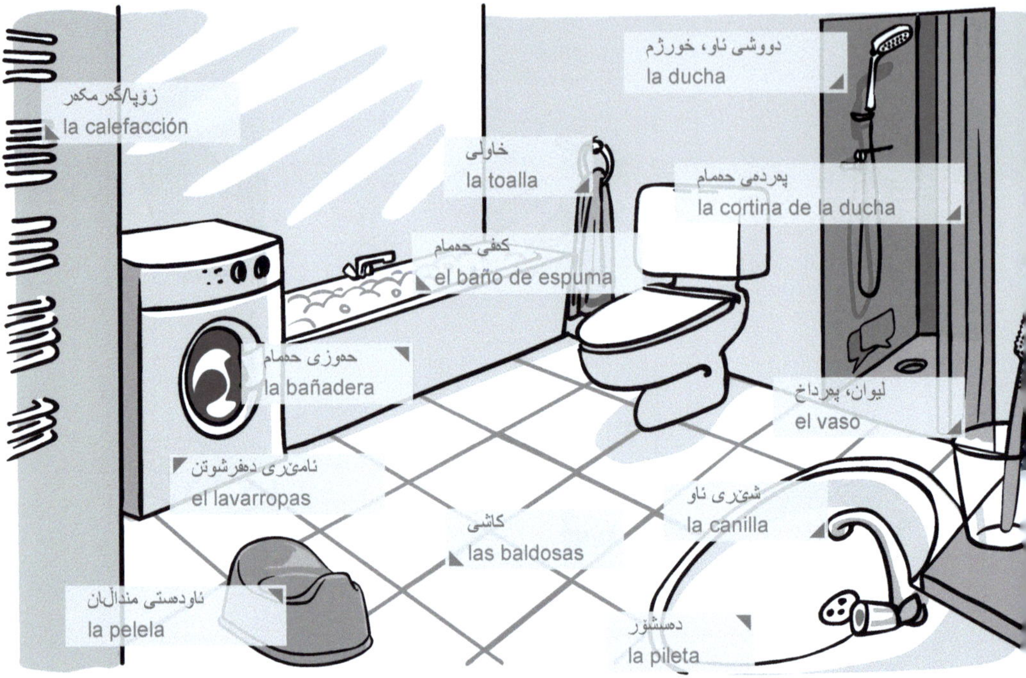

دووشی ئاو، خوڕژم
la ducha
زۆپا/گەرمکەر
la calefacción
خاولی
la toalla
پەردەی حەمام
la cortina de la ducha
کەفی حەمام
el baño de espuma
حەوزی حەمام
la bañadera
لیوان، پەرداخ
el vaso
ئامێری دەفرشوتن
el lavarropas
شێری ئاو
la canilla
کاشی
las baldosas
ئاودەستی منداڵان
la pelela
دەستشۆر
la pileta

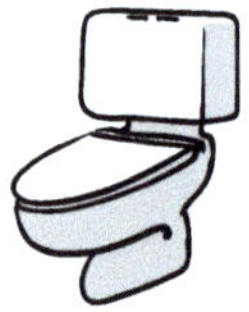

ئاودەست، توالێت

el inodoro

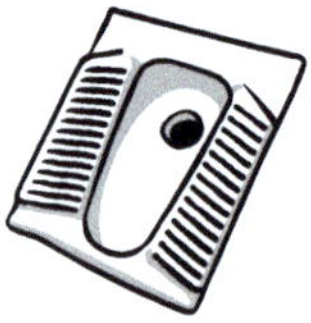

توالێتی نزم، ئاودەست

la letrina

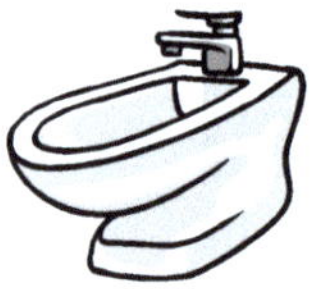

جۆرێک توالێت

el bidé

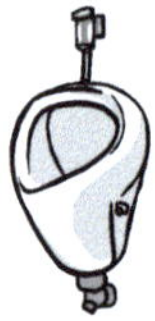

توالێت، ئاودەست

el mingitorio

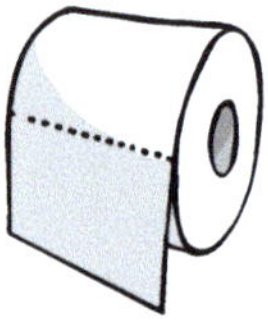

کاغەزی ئاودەستخانە

el papel higiénico

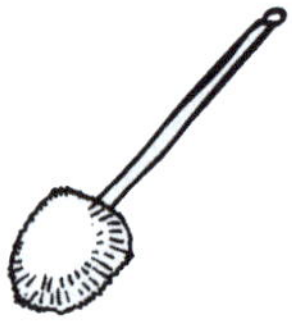

فڵچەی ئاودەستخانە

el cepillo para el inodoro

فڵچمی ددان

el cepillo de dientes

خەمیری ددان

el dentífrico

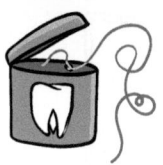

بەنی ددان

el hilo dental

شۆردن، شوتن

lavar

خورژمی دەستی

la ducha de mano

دووش

la ducha higiénica

کاسمی دەستوچاوشوتن

la palangana

فڵچمی پشت

el cepillo para la espalda

سابوون

el jabón

جێڵی خۆشوتن

el gel de ducha

شامپۆ

el shampoo

فلانێل

la toallita

ناومەرۆ

el desagüe

کرێم

la crema

بۆنخۆشکەره

el desodorante

ناوێنە
....
el espejo

ناوێنەی دەستی
....
el espejito

مەکینەی ڕیش تاشین
....
la maquinita de afeitar

سابوونی ڕیش تاشین
....
la espuma de afeitar

کرێمی دوای ڕیش تاشین
....
el aftershave

شانە
....
el peine

فڵچە
....
el cepillo

سێشوار، سەرێشككەرەوە
....
el secador de pelo

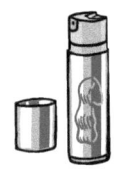

سپرەی ژژ
....
el spray

سووراوسپیاو
....
el maquillaje

سووراو
....
el lápiz de labios

ڕەنگی نینۆک
....
el esmalte para uñas

لۆکە
....
el algodón

مەقەستی نینۆک
....
la tijera para uñas

عەتر
....
el perfume

كيسى حممام
....
el portacosméticos

كورسى بێ پشت
....
la banqueta

پێوەر
....
la balanza

خاولى حممام
....
la bata

دەستەوانەى چەرم
....
los guantes de goma

تامپۆن
....
el tampón

خاولى خاوئنكردنەوە
....
la toallita femenina

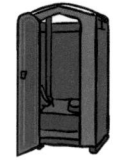

ناودەستى كيميايى
....
el baño químico

ژووری منداڵ

el cuarto de los chicos

سەعاتی زەنگدار
el despertador
گەمەی شیرن
el peluche
ماشێنی یاری
el coche de juguete
شەقشەقەی منداڵ
el sonajero
خانووی بووکەشووشە
la casa de muñecas
دیاری
el regalo

باڵۆن

el globo

پێخەف، نوێن

la cama

داشقەی منداڵ

el cochecito

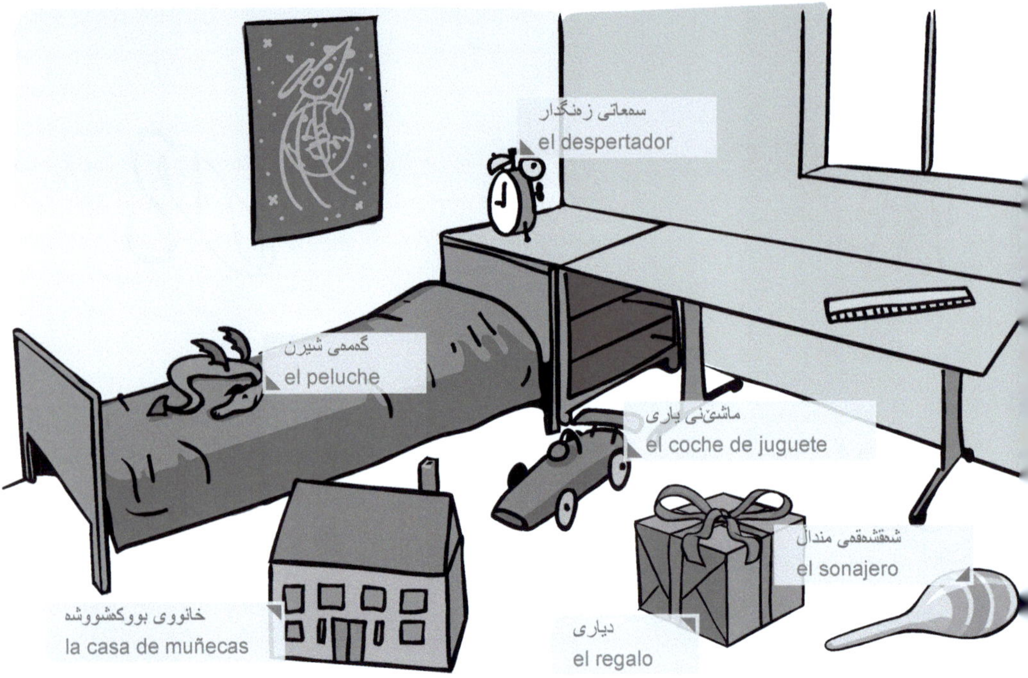

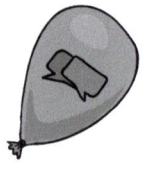

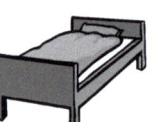

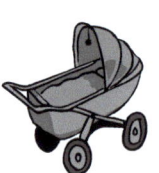

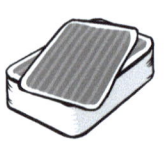

گەمەی کارت

las cartas

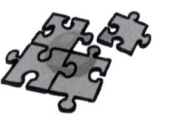

مەتەڵ، مەتەڵۆک

el rompecabezas

SUPER MEGA

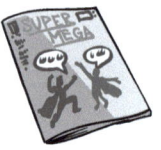

کۆمێدی

la historieta

خشتی لێگۆ

las piezas de lego

خشتی یاری

los ladrillos de juguete

بووکه شووشه

la figura de acción

جلی مندا‌ڵ

el enterito (de bebé)

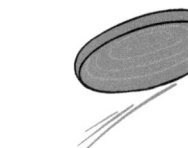

یاری فریزبی

el frisbee

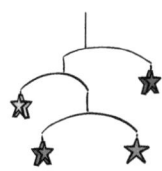

بزۆک، جوولێنراو

el móvil para bebés

یاری تەختە

el juego de mesa

مۆرە

los dados

مۆدێلی شەمەندەفەر

el tren eléctrico

مەمکه مژه

el chupete

میوانی، جەژن

la fiesta

کتێبی وێنەدار

el libro de cuentos ilustrado

تۆپ

la pelota

بووکەشووشه

la muñeca

کایه کردن، یاری کردن

jugar

قۆرتی خیزوخۆڵ

el arenero

جۆلانه

la hamaca

کایمی مندالان، یاری مندالان

los juguetes

گەمەی ویدیۆیی

la consola de videojuegos

سێچەرخە

el triciclo

ورچی یاری

el osito de peluche

کەنتۆر

el armario

جلوبەرگ

la ropa

گۆرەوی

las medias

گۆرەوی درێژ

las medias panty

گۆرەوی درێژ

las calzas

شاڵی مل
la bufanda

چەتر
el paraguas

کراس
la remera

قایش، پشتێن
el cinturón

پێڵاوی مال
las pantuflas

چەکمە، پۆتین
las botas

پێڵاو
las zapatillas

پاپوچ
....
las sandalias

کەوش، پێڵاو
....
los zapatos

چەکمەی چەرم
....
las botas de goma

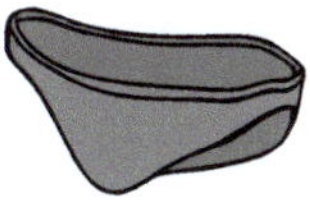

پانتۆڵی ژێرەوە
....
la ropa interior

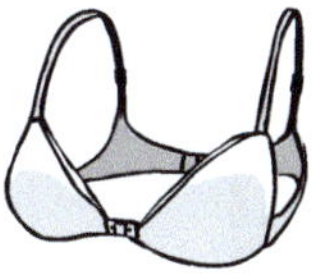

ستیان، سوخمە
....
el corpiño

جلیسقە
....
el chaleco

جستە، لەش

el body

پانتۆڵ

los pantalones

پانتۆڵ

los jeans

دامەن، تەنووره

la pollera

كراس

la blusa

كراس

la camisa

بلووز

el pulóver

بلووز

el buzo

چاكەت

el blazer

چاكەت

la campera

بەڵتە

el tapado

بارانی

el piloto

پۆشاك

el traje

كراسی ژنانه

el vestido

جلی زەماوەند

el vestido de novia

چاکیت و پانتۆڵ
....
el traje

جلی خەو
....
el camisón

جلی خەو
....
el pijama

ساری
....
el sari

لەمچکە
....
el pañuelo para la cabeza

جمممدانە، سەرپێچ
....
el turbante

بۆرکا
....
la burka

کەفتان
....
el caftán

عەبا
....
la abaya

جل و بەرگی مەلەکردن
....
el traje de baño

پانتۆڵی مەلە
....
el short de baño

پانتۆڵی کورت
....
los shorts

جلوبەرگی راهێنان
....
el jogging

بەروانکە، بەرکوشە
....
el delantal

دەستەوانە
....
los guantes

دوگمه
....
el botón

چاویلکه
....
los anteojos

بازنه
....
la pulsera

ملوانکه
....
el collar

نەنگۆستیلە
....
el anillo

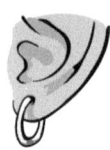

گواره
....
el aro

کڵاو
....
la gorra

داری جل هەڵواسین
....
la percha

کڵاو
....
el sombrero

بۆینباخ
....
la corbata

زیپ
....
el cierre

کڵاوی پارێزەر
....
el casco

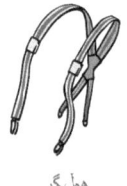

هەڵگر
....
los tiradores

جلی قوتابخانە
....
el uniforme escolar

یەکپۆش
....
el uniforme

بەرلیکە، بەرکۆشی مندالْ

el babero

مەمکە مژە

el chupete

دایینی، پەرۆشۆر

el pañal

نووسینگە، فەرمانگە

la oficina

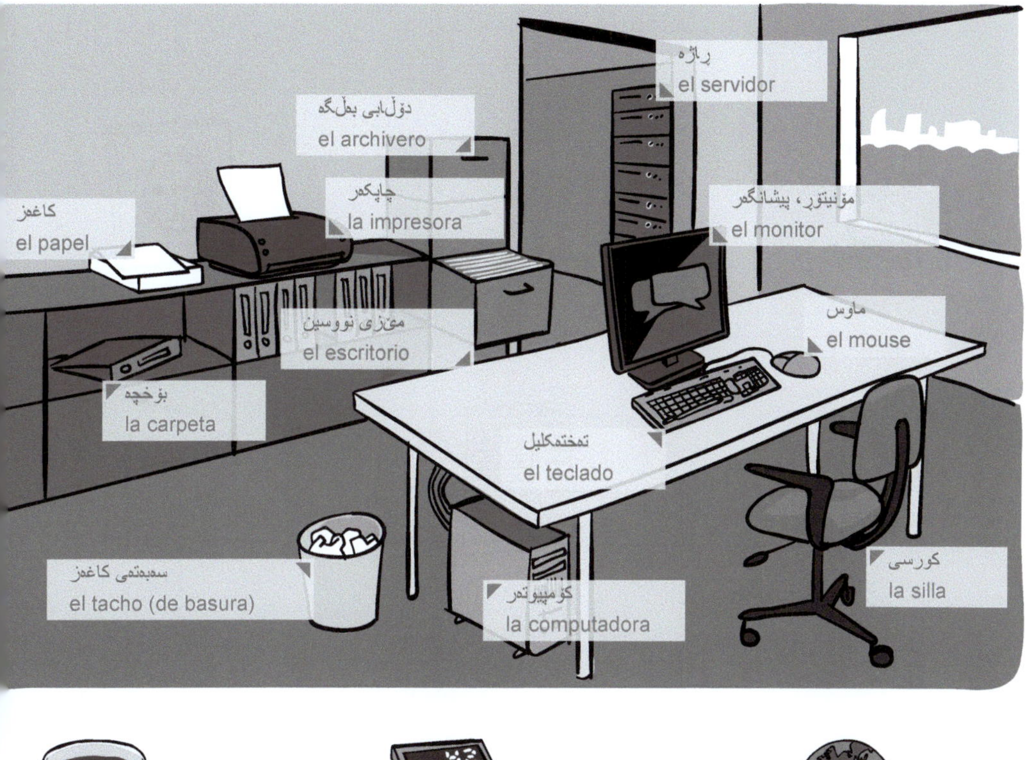

ڕاژە
el servidor

دۆلْابی بەلْگە
el archivero

مۆنیتۆر، پیشانگەر
el monitor

کاغەز
el papel

چاپکەر
la impresora

ماوس
el mouse

مێزی نووسین
el escritorio

بۆخچە
la carpeta

تەختەکلیل
el teclado

سەبەتەی کاغەز
el tacho (de basura)

کۆمپیوتەر
la computadora

کورسی
la silla

کۆپی قاوە

la taza de café

ژمێرەر

la calculadora

ئینتەرنێت

el internet

لمپتۆپ

la laptop

نامه

la carta

پهیام

el mensaje

مۆبایل، تهلهفۆنی دهست

el celular

تۆر

la red

نامهیزی لهبهرگرتنهوه، کۆپیکهر

la fotocopiadora

نهرمهکالا

el software

تهلهفۆن

el teléfono

ساکێتی دووشاخه

el tomacorriente

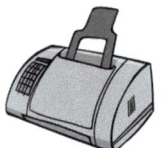

نامهیزی فهکس

el fax

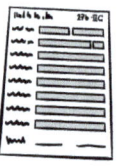

فۆرم

el formulario

بهڵگه

el documento

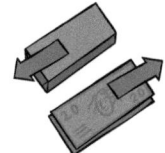

كرين

comprar

پارەدان

pagar

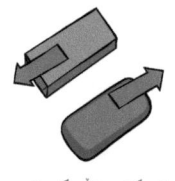

بازرگانى، نالوگۆركردن

hacer negocios

پارە، دراو

el dinero

دۆلار

el dólar

يۆرۆ

el euro

يەن

el yen

رووبلى رووسى

el rublo

فرانكى سويسى

el franco suizo

يوان، يەكەى دراوى چينى

el yuan

رووپييە

la rupia

مەكينەى پارە

el cajero automático

واردهێنەرەوی گۆڕینەوەی نووسینگەی

la casa de cambio

زێڕ

el oro

زیو

la plata

نەوت

el petróleo

وزە

la energía

نرخ ،بەها

el precio

پەیمانەنامەی ئەکۆتی

el contrato

باج

el impuesto

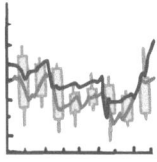

سەهام

la acción

کارکردن

trabajar

کارکەر ،کارمەند

el empleado

خاوەنکار

el empleador

کارخانە

la fábrica

دووکان

el negocio

ئیشەکان
las ocupaciones

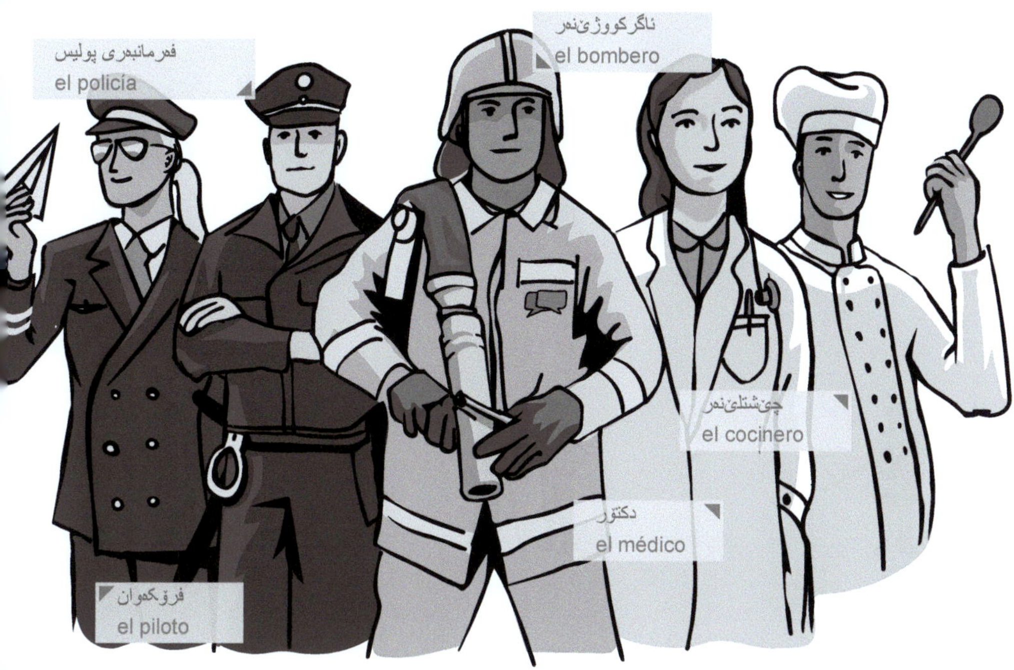

فەرمانبەری پولیس
el policía
ئاگرکووژێنەر
el bombero
چێشتلێنەر
el cocinero
دکتۆر
el médico
فڕۆکەوان
el piloto

باخەوان

el jardinero

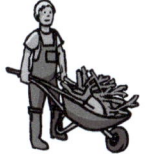

دارتاش، مەرەنگوێز

el carpintero

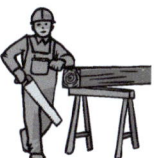

خەییات

la modista

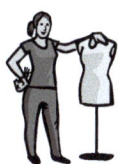

دادوەر

el juez

کیمیازان

el farmacéutico

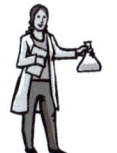

شانۆگەر، شانۆکار

el actor

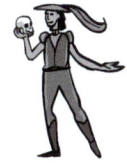

شۆفێری پاس

el colectivero

شۆفێر تاکسی

el taxista

ماسیگر

el pescador

کڵفەت

la mucama

وەستای سەربان

el techista

خزمەتکار

el mozo

ڕاوچی

el cazador

بۆیاخچی

el pintor

نانکەر

el panadero

کارەباچی

el electricista

بەننا

el albañil

ئەندازیار

el ingeniero

قەساب

el carnicero

وەستای بۆری

el plomero

پۆستەچی

el cartero

نیشەمکان - las ocupaciones

سەرباز
....
el soldado

نەخشەکێش
....
el arquitecto

ژمێریار ، خەزمەندار
....
el cajero

گوڵفرۆش
....
el florista

ئارایشگەر
....
el peluquero

گەیێنەر
....
el cobrador

میکانیک
....
el mecánico

کەشتیوان
....
el capitán

ددانساز ، دوکتۆری ددان
....
el dentista

زانا
....
el científico

مەلای جوولەکان
....
el rabino

ئیمام
....
el imán

کەسی ئایینی
....
el monje

قەشە
....
el sacerdote

ئامراز و كەرەستە

las herramientas

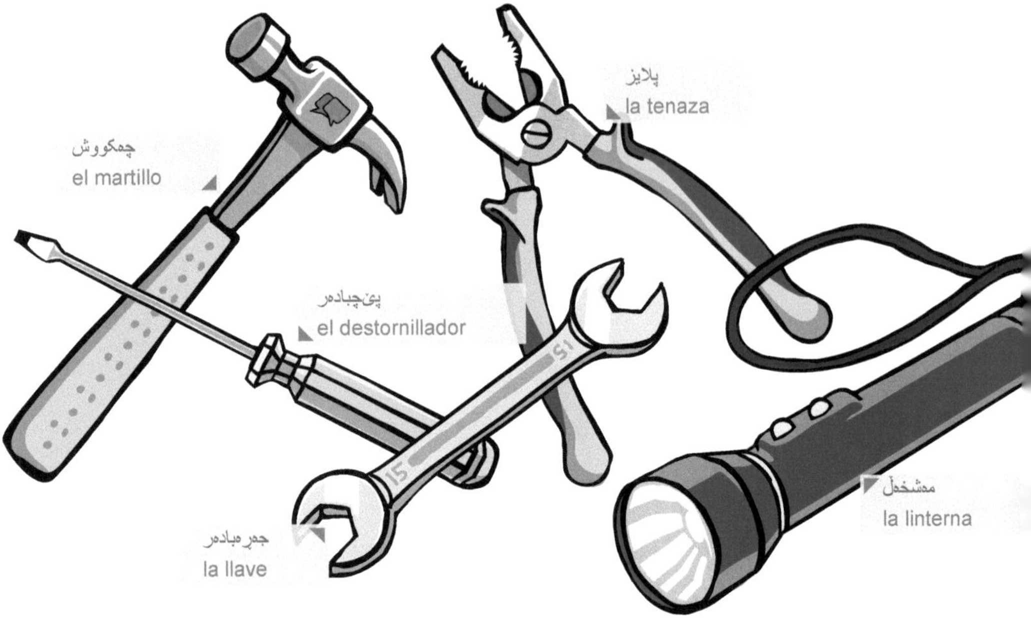

پلایز
la tenaza
چەكووش
el martillo
پێچبادەر
el destornillador
مەشخەڵ
la linterna
جەڕەبادەر
la llave

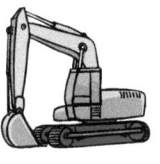

شۆفڵ

la excavadora

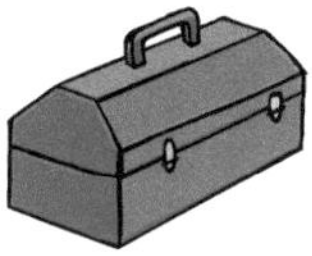

سندووقی ئامراز

la caja de herramientas

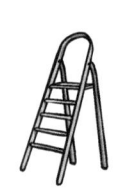

پەیژە

la escalera portátil

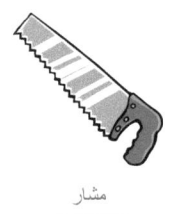

مشار

la sierra

بزمارەکان

los clavos

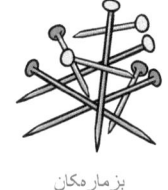

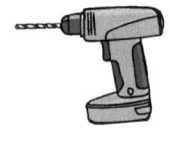

کونکەرە

el taladro

چاککردنەوە

arreglar

پێمەرە

la pala de jardín

نەفرەت!

¡Qué bronca!

خاکەناز

la pala de plástico

قەتووی بۆیاخ

el tacho de pintura

پێچمکان، جەدرمکان

los tornillos

ئامێرەکانی مووزیک

los instrumentos musicales

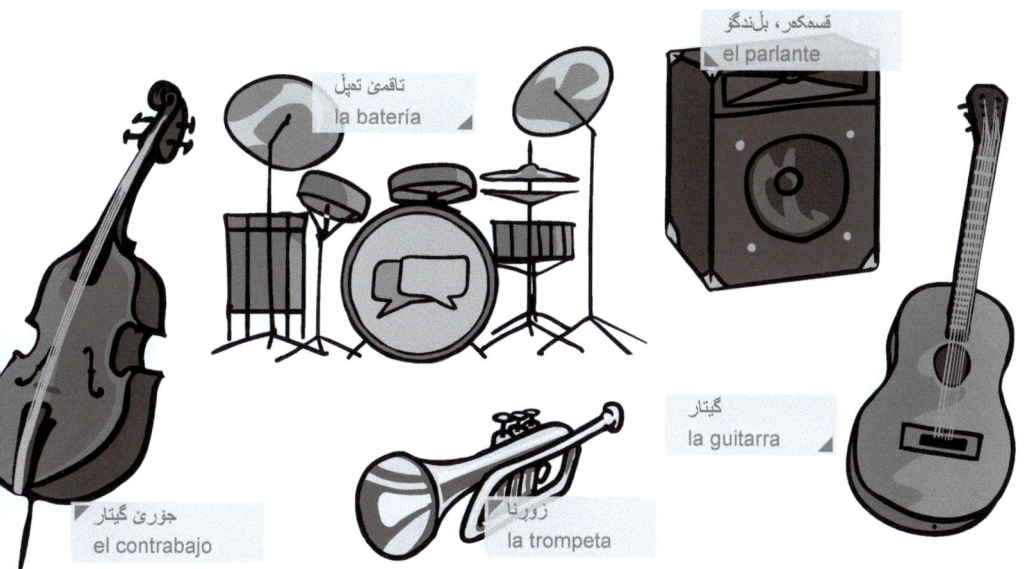

قسەکەر، بڵندگۆ
el parlante

تاقمێ تەپڵ
la batería

گیتار
la guitarra

جۆرێ گیتار
el contrabajo

زورنا
la trompeta

پیانۆ

el piano

کەمانچە

el violín

گیتار

el bajo

دەهۆڵ

los timbales

تەپڵ

el tambor

تەختەکلیل

el teclado

ساکسافۆن

el saxofón

فلووت، شمشاڵ

la flauta

مایکرۆفۆن

el micrófono

باخچەی ئاژەڵان

el zoológico

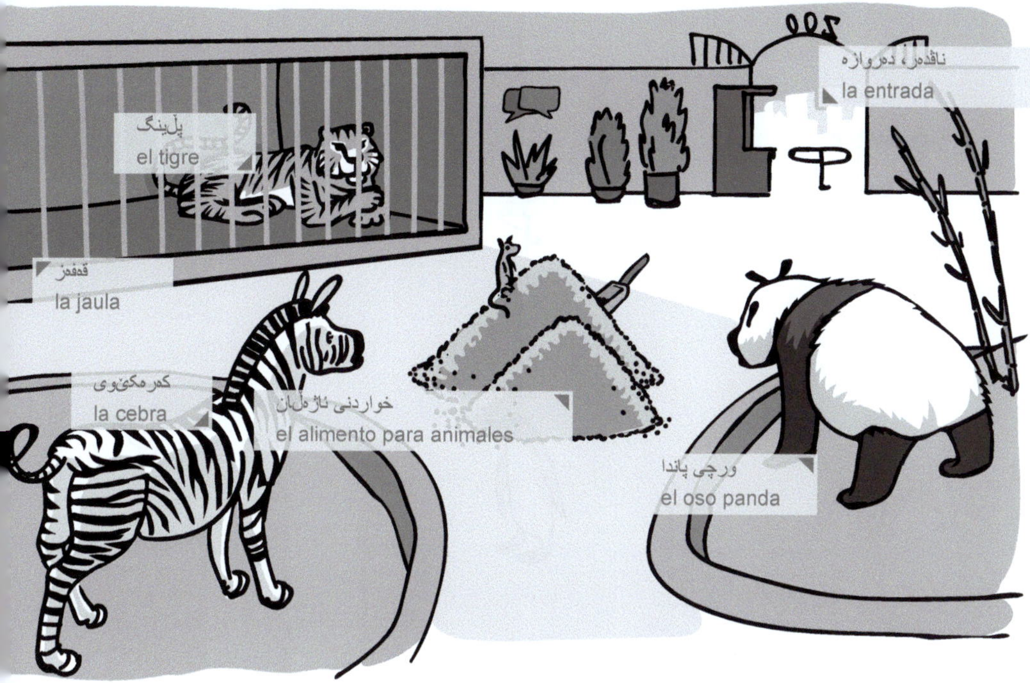

ناڤدەر، دەروازە
la entrada
پڵینگ
el tigre
قەفەز
la jaula
کەرەکێوی
la cebra
خواردنی ئاژەڵان
el alimento para animales
ورچی پاندا
el oso panda

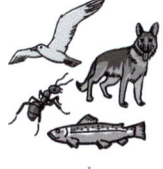

ئاژەڵەکان

los animales

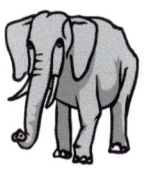

فیل

el elefante

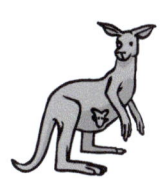

کانگورۆ

el canguro

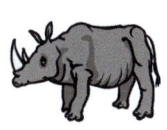

کەرکەدەن

el rinoceronte

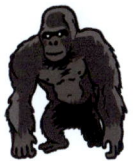

گۆریلا

el gorila

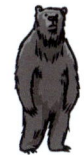

ورچ

el oso

وشتر
....
el camello

وشترمریشک
....
el avestruz

شێر
....
el león

مەیموون
....
el mono

فڵامینگۆ
....
el flamenco

تووتی
....
el loro

ورچی جەمسەری
....
el oso polar

پێنگوین
....
el pingüino

قرش، سەگماسی
....
el tiburón

تاووس
....
el pavo real

مار
....
la serpiente

تیمساح
....
el cocodrilo

پاریزەری باخچەی ئاژەڵان
....
el cuidador del zoológico

سەگی دەریایی
....
la foca

پڵینگ
....
el jaguar

ئەسپی قەزەم
....
el poni

پشیلەی پڵینگی
....
el leopardo

ئەسپی ئاوی
....
el hipopótamo

زەرافە
....
la jirafa

هەڵۆ
....
el águila

بەرازی کێوی
....
el jabalí

ماسی
....
el pescado

کیسەڵ
....
la tortuga

والڕاس، ئاژەڵێکی دەریایی
....
la morsa

ڕێوی
....
el zorro

ئاسک
....
la gacela

تۆپیلێی ئەمریکی
el fútbol americano

دووچەرخەسوارین
el ciclismo

تێنیس
el tenis

تۆپی باسکه
el básquet

مەلەکردن
la natación

هۆکی سەر سەهۆڵ
el hockey sobre hielo

بۆکسین
el boxeo

فووتبۆڵ
el fútbol

بەدمینتۆن
el bádminton

وەرزشوان
el atletismo

هەندباڵ
el handball

خلیسکێن
el esquí

پۆلو
el polo

پێکەنین
reír

بازکردن
saltar

لەباوەشگرتن، لەئامێزگرتن
abrazar

پیاسەدارۆیشتن، پیاسەکردن
caminar

گۆرانی خوێندن
cantar

خەون دیتن، خەون بینین
soñar

پاڕانەوە، نوێژکردن
rezar

ماچکردن
besar

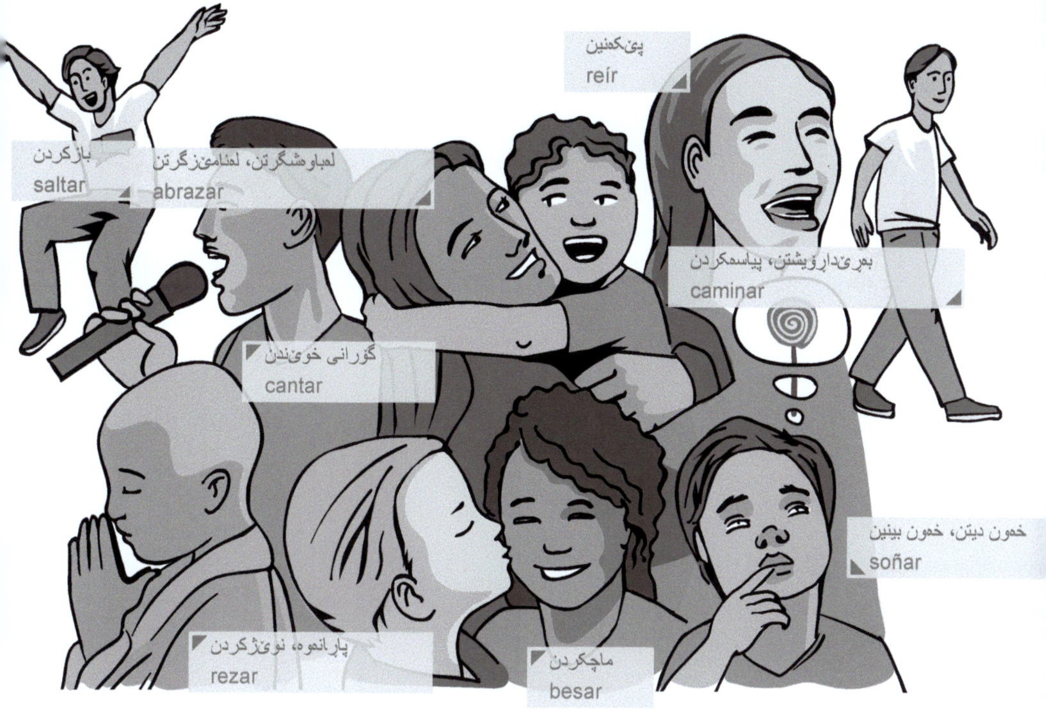

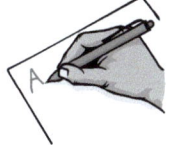

نووسین
escribir

وێنەکێشان
dibujar

نیشاندان
mostrar

پاڵ پێوەنان
presionar

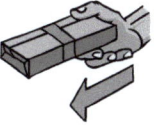

دان
dar

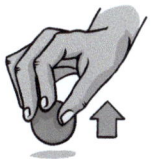

هەڵگرتن
tomar

هەمبوون
....
tener

كردن
....
hacer

بوون
....
ser

ڕاوەستان
....
estar parado

هەڵاتن
....
correr

كێشان
....
tirar

هاویشتن
....
tirar

كەوتن
....
caer

درۆكردن
....
estar acostado

چاوەڕێبوون
....
esperar

هەڵگرتن
....
llevar

دانیشتن
....
estar sentado

جل لەبەركردن
....
vestirse

خەوتن
....
dormir

لەخەوهەستان
....
despertar

چاولێکردن

mirar

گریان

llorar

جەڵتەلەیدان

acariciar

قژداهێنان، شانەکردن

peinar

قسەکردن

hablar

تێگەیشتن

entender

پرسیارکردن، پرسین

preguntar

گوێراگرتن

escuchar

خواردنەوە

beber

خواردن

comer

رێکوپێک کردن

ordenar

خۆشویستن

amar

چێش لێنان

cocinar

شۆفێریکردن

manejar

فرین

volar

کەشتیوانی
....
navegar

حساب کردن، ژماردن
....
calcular

خوێندنەوه
....
leer

فێربوون
....
aprender

کارکردن
....
trabajar

زەماوەندکردن
....
casarse

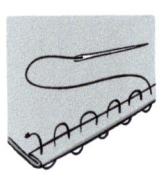

دورین، دورومانکردن
....
coser

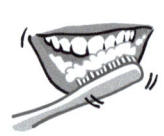

فڵچە لەددان دان
....
cepillarse los dientes

کوشتن
....
matar

جگەرەمکێشان
....
fumar

ناردن
....
enviar

la familia

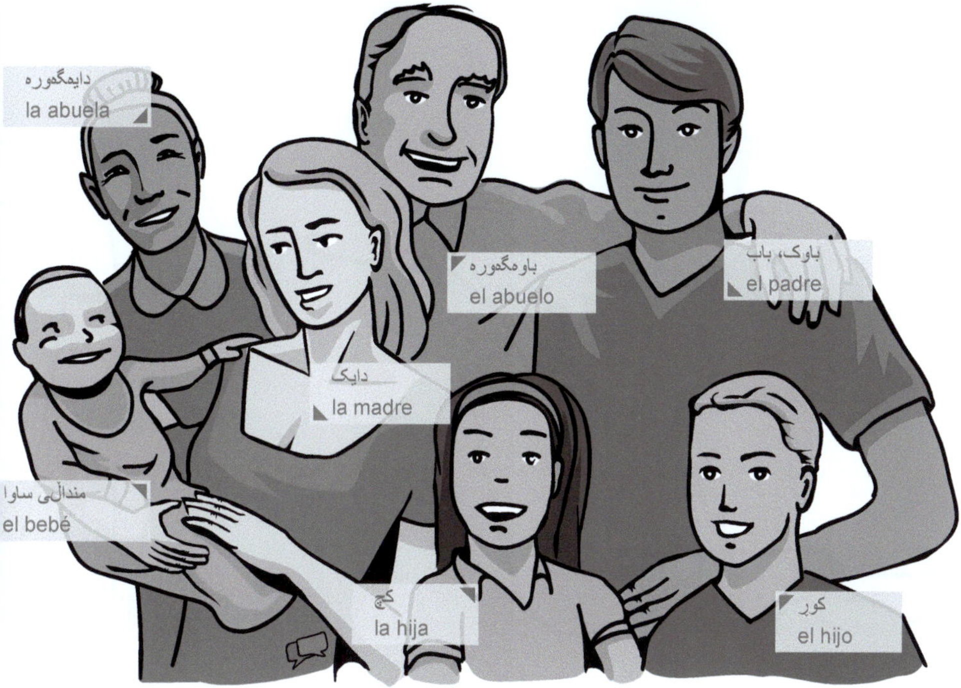
دایمگەورە
la abuela
باوەگەورە
el abuelo
باوک، باب
el padre
دایک
la madre
منداڵی ساوا
el bebé
کچ
la hija
کوڕ
el hijo

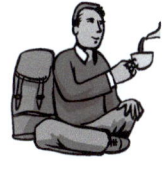

میوان

el invitado

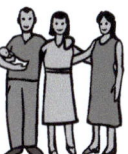

پوور

la tía

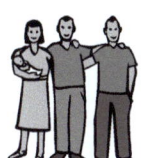

مام، خاڵ

el tío

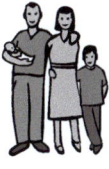

برا

el hermano

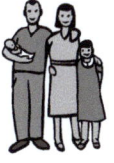

خوشک

la hermana

جەستە، لەش

el cuerpo

ناوچاوان، تویَڵ
la frente
چاو
el ojo
شان
el hombro
قامک
el dedo
دەموچاو، ڕوومەت
la cara
چەنە
la pera
دەست
la mano
لاق
la pierna
سنگ
el pecho
باسک، قۆڵ
el brazo

منداڵی ساوا

el bebé

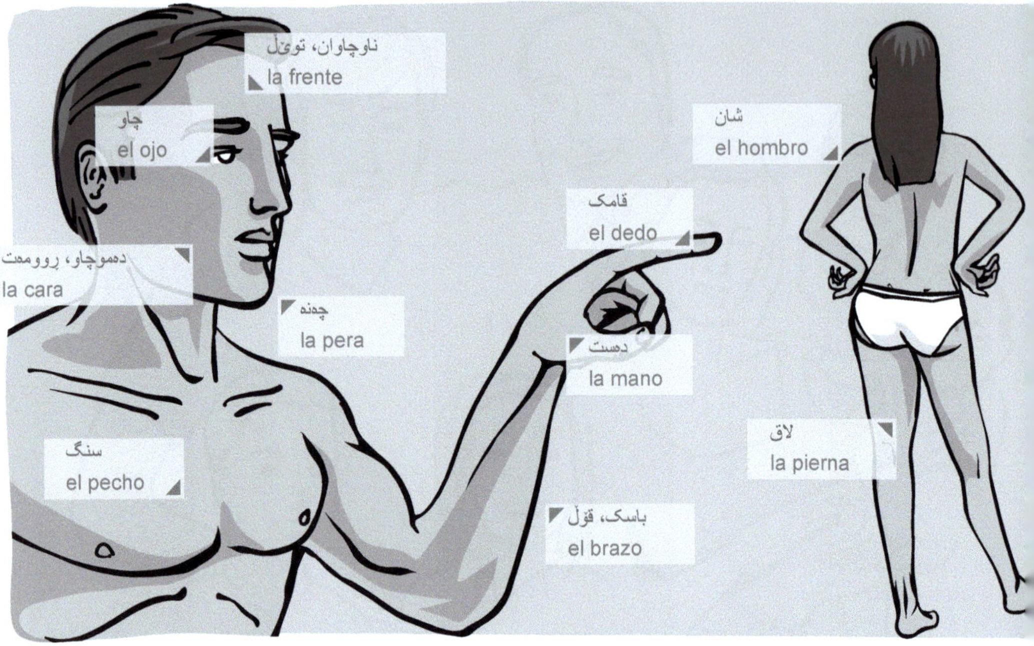

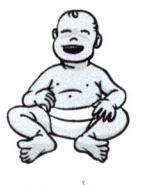

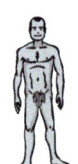

پیاو

el hombre

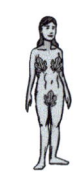

ژن

la mujer

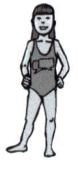

کچ

la nena

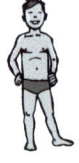

کوڕ

el nene

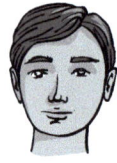

سەر

la cabeza

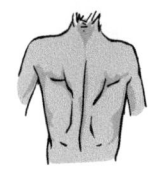

پشت
....
la espalda

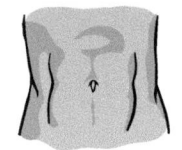

زگ
....
la panza

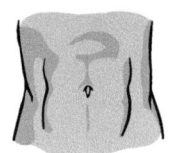

ناوک
....
el ombligo

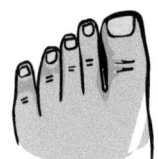

قامکی پنی
....
el dedo del pie

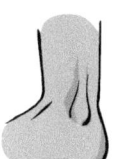

پاژنهی پنی
....
el talón

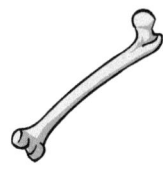

نئسقان، نئسک
....
el hueso

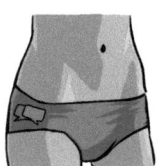

سمت
....
la cadera

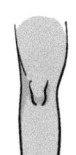

نوژنو
....
la rodilla

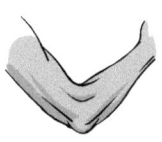

نانیشک
....
el codo

لووت
....
la nariz

قوون
....
la cola

پنست
....
la piel

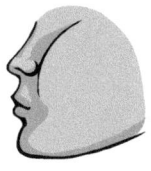

گوپ
....
el cachete

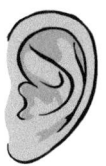

گونی
....
la oreja

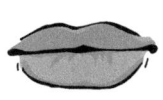

لنو
....
el labio

دەم، زار

la boca

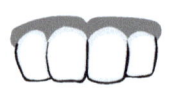

ددان

el diente

زمان

la lengua

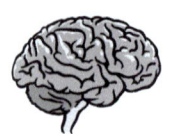

مێشک

el cerebro

دڵ

el corazón

ماسوولکه

el músculo

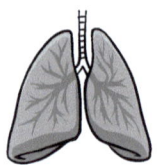

سییەلاک، سی

el pulmón

جەرگ

el hígado

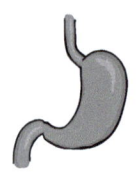

گەدە

el estómago

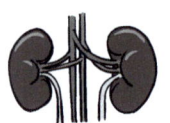

گورچیله

los riñones

سێکس

el sexo

کۆندۆم

el preservativo

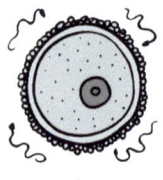

توو، گەرا

el óvulo

تۆو

el semen

دووگیانی

el embarazo

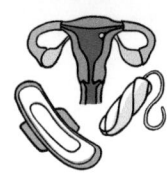

كموتنه سمر خوێن
....
la menstruación

زێ
....
la vagina

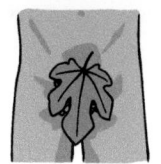

كوێر
....
el pene

برۆ
....
la ceja

قژ
....
el pelo

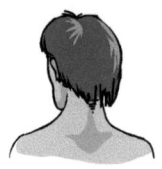

مل
....
el cuello

نەخۆشخانە، خەستەخانە

el hospital

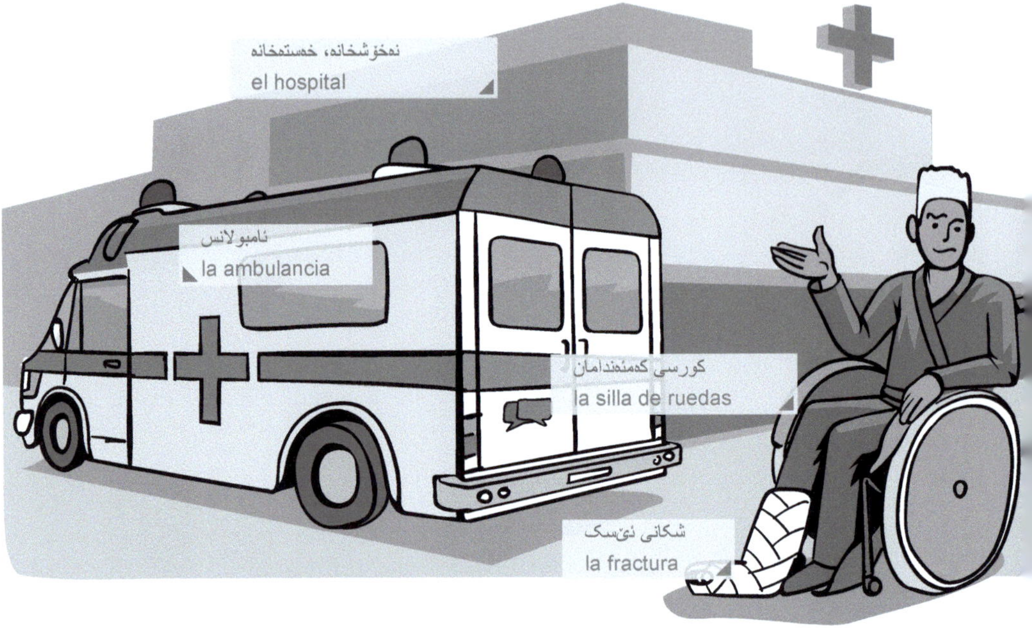

نەخۆشخانە، خەستەخانە
el hospital
ئامبولانس
la ambulancia
کورسی کەمئەندامان
la silla de ruedas
شکانی ئێسک
la fractura

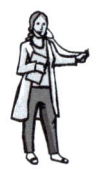

دکتۆر
....
el médico

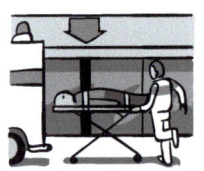

ژووری فریاکەوتن
....
la sala de guardia

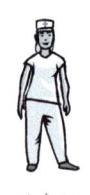

نەخۆشوان
....
la enfermera

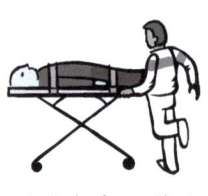

ئورژانس، بەشی فریاکەوتن
....
la emergencia

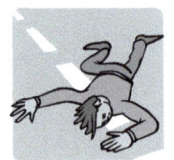

بێهۆش
....
inconsciente

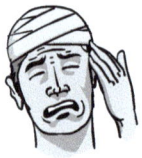

ژان، ئێش
....
el dolor

برینداری

la lesión

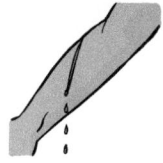

خوێنڕێژی

la hemorragia

جەڵتەی دڵ

el infarto

جەڵتە

el ACV

ئالێرژی، هەستیاری

la alergia

کۆخە

la tos

تا

la fiebre

ئەنفلۆنزا

la gripe

زگچوون

la diarrea

سەرێشە، ژانەسەر

el dolor de cabeza

سەرەتان

el cáncer

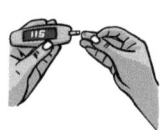

شەکرە

la diabetes

نەشتەرگەر

el cirujano

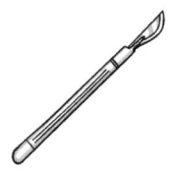

نەشتەر، چەقۆی تووێکاری

el bisturí

نەشتەرگەری

la operación

CT

....

la TC

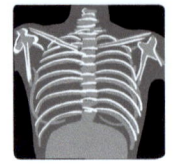

تیشکی ئێکس

....

los rayos x

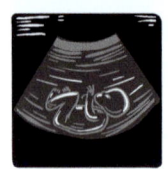

ئۇلتراساوند

....

la ecografía

ماسکی رووممت

....

el barbijo

نمخۆشی

....

la enfermedad

ژووری چاوەرێبوون

....

la sala de espera

گۆچان

....

la muleta

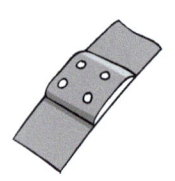

مشمما

....

la curita

برین پێچ

....

la venda

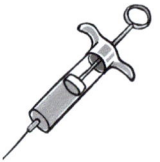

دەرزی لێدان

....

la inyección

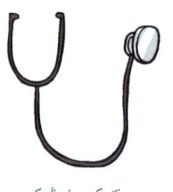

بیستوکی پزیشک

....

el estetoscopio

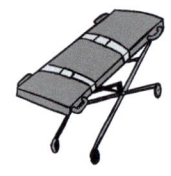

داربەست

....

la camilla

گەرمایێوی کلینیکی

....

el termómetro

لەدایکبوون

....

el nacimiento

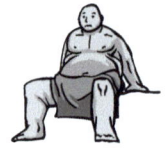

زیادمکئ‌ش/قەڵەوی‌یی

....

el sobrepeso

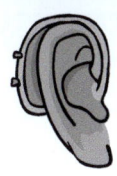

بیستۆک

el audífono

میکرۆبکوژ

el desinfectante

چلک

la infección

ویروس

el virus

ئەیدز

el VIH / SIDA

دەرمان

el remedio

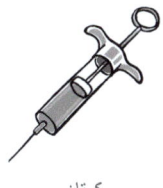

کوتان

la vacunación

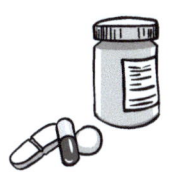

حەب

los comprimidos

حەب

la pastilla anticonceptiva

تەلەفۆنی فریاکەوتن

llamada de emergencia

پیشانگەری پەستانی خوێن

el tensiómetro

نەخۆش / سڵامەت

enfermo / sano

la emergencia

يارمەتى!

¡Ayuda!

ناگاداركردنەوە، ئەلارم

la alarma

دەستدرێژى

la agresión

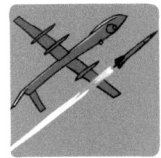

هێرشكردن

el ataque

مەترسى

el peligro

چوونەدەرەومى ئورژانس

la salida de emergencia

ناگر!

¡Fuego!

ناگركوژێنەوە

el matafuego

رووداو، پێشهات

el accidente

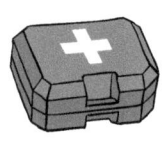

قوتووى يارمەتى فرياكەوتن

el botiquín de primeros
auxilios

SOS

el SOS

پۆليس

la policía

ئەوروپا

Europa

ئەمریکای باکوور

América del Norte

ئەمریکاری باشوور

América del Sur

ئافریقا

África

ئاسیا

Asia

ئوسترالیا

Australia

ئەتڵەسی، ئۆقیانووسی ئەتڵەسی

el Atlántico

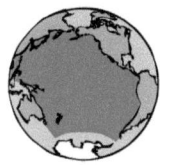

زەریای هێمن

el Pacífico

ئۆقیانووسی هیندی

el Océano Índico

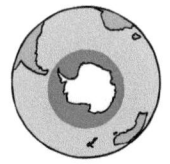

ئۆقیانووسی جەمسەری باشوور

el Océano Antártico

ئۆقیانووسی جەمسەری باکوور

el Océano Ártico

جەمسەری باکوور

el polo norte

جەمسەری باشوور
....
el polo sur

ناوچەی جەمسەری باشوور
....
la Antártida

ئەرز، زەوی
....
la Tierra

خاک، وشکانی
....
la tierra

دەریا، زەریا
....
el mar

دوورگە
....
la isla

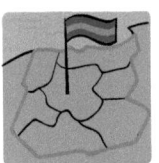

گەل، نەتەوە
....
la nación

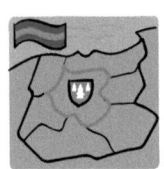

وڵات، پارێزگا، دەوڵەت
....
el estado

روخساری کاتژمێر

la esfera

نیشاندەری کاتژمێر

la manecilla de las horas

نیشاندەری خولەک

el minutero

دەستی دوو

el segundero

کاتژمێر چەندە؟، سەعات چەندە؟

¿Qué hora es?

ڕۆژ

el día

کات، زەمان

la hora

ئێستا، هەنووکە

ahora

کاتژمێری دیجیتاڵی

el reloj digital

خولەک

el minuto

کاتژمێر

la hora

la semana

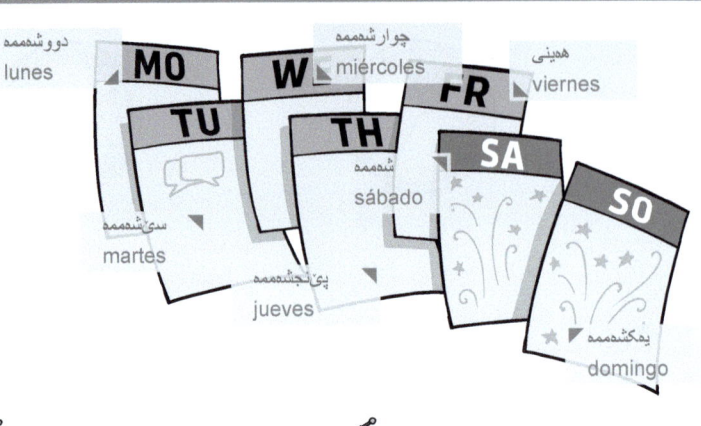

دووشەممە
lunes

چوارشەممە
miércoles

هەینی
viernes

سێشەممە
martes

شەممە
sábado

پێنجشەممە
jueves

یەکشەممە
domingo

دوێنێ
ayer

ئەمرۆ، ئەورۆ
hoy

سبەینێ
mañana

بەیانی
la mañana

نیوەڕۆ
el mediodía

ئێوارە
la tarde

رۆژی کار
los días hábiles

کۆتایی هەفتە
el fin de semana

سالّ

el año

باران
la lluvia
کۆلکەزێڕینە
el arco iris
بەفر
la nieve
بازکردن
el viento
بەهار
la primavera
هاوین
el verano
پاییز
el otoño
زستان
el invierno

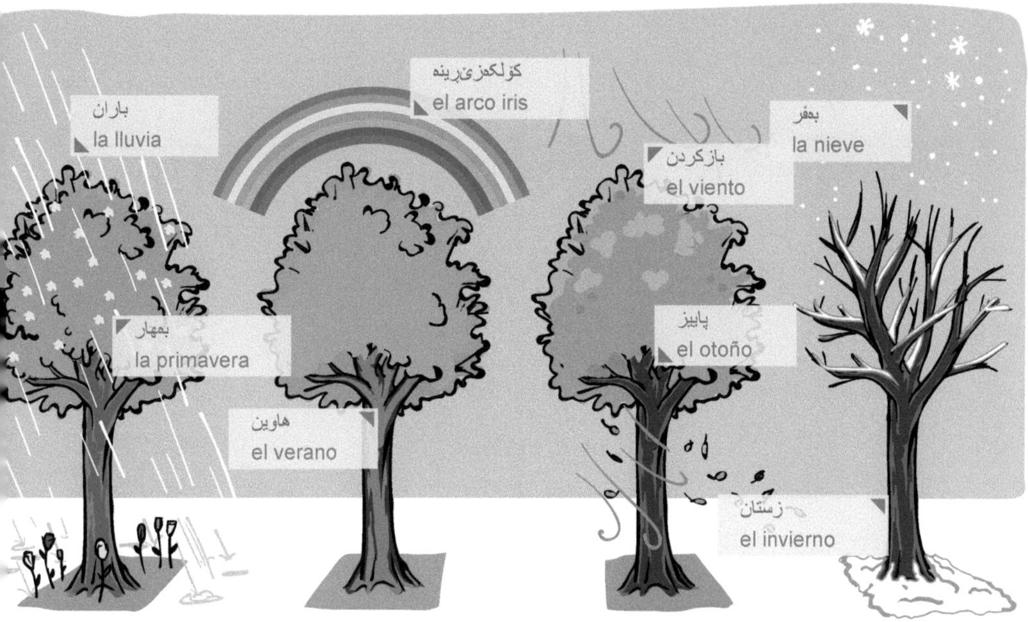

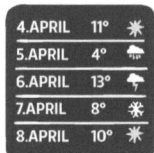

4.APRIL 11°
5.APRIL 4°
6.APRIL 13°
7.APRIL 8°
8.APRIL 10°

پێشبینی هەوا

pronóstico meteorológico

F C
120 40
90 30
60 20
30 10
0 0
-30 -10
-20

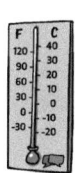

گەرماپێو

el termómetro

خۆرەتاو

la luz del sol

هەور

la nube

تەموومژ

la niebla

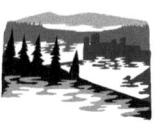

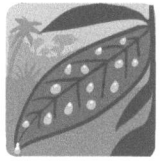

تەڕایی

la humedad

هەورەتریشقە، بروسکە
....
el rayo

هەورەگرمە
....
el trueno

باوبۆران، تۆفان
....
la tormenta

تەرزە
....
el granizo

مانسوون
....
el monzón

لافاو
....
la inundación

سەهۆل
....
el hielo

جانیوەری
....
enero

فێبریوەری
....
febrero

مارچ
....
marzo

نەیپریل
....
abril

مەی
....
mayo

جوون
....
junio

جوولای
....
julio

ئۆگۆست
....
agosto

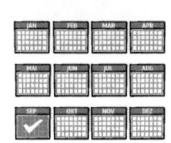

سێپتێمبەر

septiembre

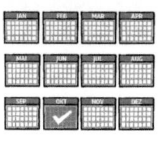

ئۆکتۆبەر

octubre

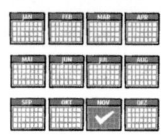

نۆڤەمبەر

noviembre

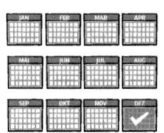

دیسەمبەر

diciembre

las formas

بازنە

el círculo

چوارگۆشە

el cuadrado

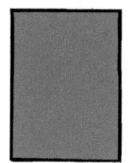

چوارگۆشەی درێژ

el rectángulo

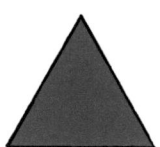

سێگۆشە

el triángulo

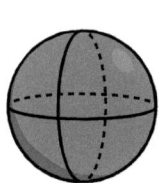

تۆپ، گۆ

la esfera

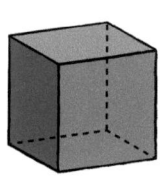

خشتەک

el cubo

سپی

blanco

زەرد

amarillo

پرتەقاڵیی

naranja

پەمەیی

rosa

سوور

rojo

بنەوش

violeta

شین

azul

سەوز

verde

قاوەیی

marrón

بۆر

gris

رەش

negro

زۆر / کەم

mucho / poco

توورە / لەسەرخۆ

enojado / tranquilo

جوان / ناحەز

lindo / feo

سەرەتا / کۆتایی

el principio / el fin

گەورە / چکۆلە

grande / chico

رووناک / تاریک

claro / oscuro

برا / خوشک

l hermano / la hermana

خاوێن / چڵکن

limpio / sucio

تەواو / ناتەواو

completo / incompleto

رۆژ / شەو

el día / la noche

مردوو / زیندوو

muerto / vivo

پان / تەنگ

ancho / angosto

خۆش / ناخۆش

comestible / no comestible

نەگریس / بەبەزەیی

malo / amable

وروژاو / بێزار

entusiasmado / aburrido

قەڵەو / لاواز

gordo / flaco

یەکەم / ناخر

primero / último

دۆست / دوژمن

el amigo / el enemigo

پڕ / خاڵی

lleno / vacío

ڕەق / نەرم

duro / blando

قورس / سووک

pesado / liviano

برسی / توونی

el hambre / la sed

نەخۆش / سڵامەت

enfermo / sano

نایاسایی / یاسایی

ilegal / legal

زیرەک / گەمژە

inteligente / estúpido

چەپ / ڕاست

izquierda / derecha

نزیک / دوور

cerca / lejos

نوێ / كۆن، بەكارهاتوو

nuevo / usado

هیچ شتێنێک / شتێنێک

nada / algo

پیر / لاو

viejo / joven

هەڵكراو / كوژاوه

encendido / apagado

كراوه / داخراو

abierto / cerrado

بێدەنگ / دەنگی بەرز

silencioso / ruidoso

دەوڵەمەند / هەژار

rico / pobre

ڕاست / هەڵه

correcto / incorrecto

زبر / ساف

áspero / suave

خەمین / خۆشحاڵ

triste / contento

كورت / درێژ

corto / largo

هێواش / خێرا

lento / rápido

تەڕ / وشك

mojado / seco

گەرم / فێنك

caliente / frío

شەڕ / ئاشتی

guerra / paz

los números

0	**1**	**2**
سیفر	یەک	دوو
cero	uno	dos
3	**4**	**5**
سێ	چوار	پێنج
tres	cuatro	cinco
6	**7**	**8**
شەش	حەوت	هەشت
seis	siete	ocho
9	**10**	**11**
نۆ	دە	یازدە
nueve	diez	once

12

دوازده
....
doce

13

سێزده
....
trece

14

چوارده
....
catorce

15

پازده، پانزه
....
quince

16

شازده
....
dieciséis

17

حەفده
....
diecisiete

18

هەژده
....
dieciocho

19

نۆزده
....
diecinueve

20

بیست
....
veinte

100

سەد
....
cien

1.000

هەزار
....
mil

1.000.000

میلیۆن
....
el millón

los idiomas

نینگلیزی

el inglés

نینگلیزی ی ئەمەریکی

el inglés americano

چینی ماندارین

el chino mandarín

هیندی

el hindi

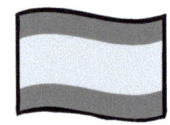

ئیسپانی

el español

فەرەنسی

el francés

عەرەبی

el árabe

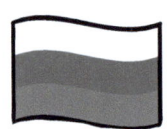

رووسی

el ruso

پۆرتوگالی

el portugués

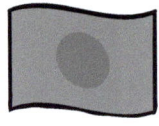

بەنگالی

el bengalí

ئەڵمانی

el alemán

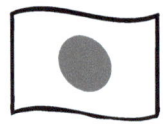

ژاپۆنی

el japonés

من

yo

تۆ

vos

ئەو

él / ella

ئێمە

nosotros

ئێوه

ustedes

ئەوان

ellos

کێ؟

¿quién?

چی؟

¿qué?

چۆن؟

¿cómo?

لەکوێ؟

¿dónde?

کەنگێ؟ کەی؟

¿cuándo?

ناو

el nombre

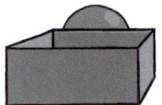

لەپشت

detrás

لە

en

لەپێش

adelante de

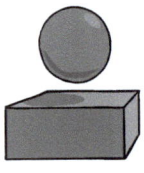

سەرێ

por encima de

لەسەر

sobre

ژێر

debajo de

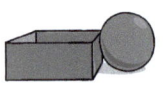

لە تەنیشت

al lado de

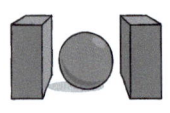

لەنێوان

entre

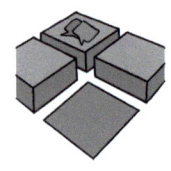

شوێن، جێ

el lugar